Covadonga O'Shea

Un viaje a Tierra Santa

Israel: pueblo de promisión, pueblo de confusión

Covadonga O'Shea

Un viaje a Tierra Santa

Israel: pueblo de promisión, pueblo de confusión

la esfera de los libros

Primera edición: noviembre de 2004
Segunda edición: enero de 2005

Avenida de Alfonso XIII, 1, bajos
28002 Madrid
Teléf.: 91 296 02 00 • Fax: 91 296 02 06
Pág. web: www.esferalibros.com

Diseño de cubierta: Compañía
Fotografía de cubierta: Corbis/Cover
Fotografías de interior: HigRes Press, Corbis/Cover y archivo de la autora
ISBN: 84-9734-247-X
Depósito Legal: M-1.861-2005
Fotocomposición: Versal AG, S.L.
Fotomecánica: Star Color
Impresión: Cofás
Encuadernación: Martínez
Impreso en España-*Printed in Spain*

A mis amigos de Israel y a todos los que tienen la esperanza de descubrir algún día la grandeza que encierra la tierra de Jesús, con la ilusión de compartir, con cada uno, mi experiencia inolvidable.

Índice

Prólogo

«*Do not be afraid*», escuché por teléfono a Louise, que, junto a su marido, iban a ser mis guías en Israel para recorrer los Santos Lugares y vivir allí la Semana Santa. Este capítulo sería el punto final de un viaje muy fuera de lo corriente y, por lo que he escuchado a mi vuelta, la máxima aspiración de muchas personas a las que he contado mis impresiones.

Los días anteriores, sin embargo, cuando comentaba mi proyecto no encontré a nadie capaz de ofrecerme una palabra de aliento. Es verdad que acababa de ocurrir uno de esos golpes terroríficos. La noticia de aquella semana fue el asesinato del líder de Hamás, fulminado por un misil cuando salía de la mezquita de al-Aqsa. Los titulares de los periódicos sólo hablaban del pánico a la venganza que, sin duda, se estaba tramando por parte de alguno de los grupos terroristas palestinos. El miedo se contagia y una sensación de estar al borde de la insensatez se va colando por las entretelas del alma. No sirve de nada tratar de cerrar los ojos a la realidad con el dicho, bastante cierto, de que «en todas partes cuecen habas», máxime cuando teníamos demasiado reciente el atentado espantoso del 11-M en Madrid. Como dato añadido, debo decir que hace poco más de dos años también viví el atentado del 11 de septiembre en Nueva York, a pocos metros de las Torres Gemelas. El recuerdo de aquellos días me producía un doble efecto: por una parte, la terrible realidad de que, tal y como está el mundo, tanto da estar paseando por Madrid que por el monte Sinaí frente a la posibilidad de un golpe imprevisto; pero, por otra parte, el murmullo de cien voces que repiten: «¿cómo se te ocurre semejante locura?», va haciendo mella por dentro y surge la duda con una fuerte dosis de intranquilidad: ¿y si lo dejara para otro momento?

Como contraste a esta música de fondo, jamás olvidaré el tono de voz, convincente y optimista, de aquella mujer que con una fuerza especial me repitió por teléfono, varias veces, ese «*Do not be afraid*», haciéndome caer en la cuenta de que esa frase —«no tengas miedo», «no temas», «¿por qué teméis?»— se repite cientos de veces en la Biblia, tanto en el Antiguo Testamento como en el Nuevo (Isaías 44, 2; Lucas 12, 7)[1].

Me lancé a investigarlo y comprobé la veracidad del dato. En efecto, son incontables las ocasiones, desde los momentos más trascendentes, como el de la Encarnación del Verbo, hasta la aparición ante los pastores de Belén, en que ángeles y arcángeles previenen a los hombres de su reacción temerosa con esas palabras: «No temáis.» San Lucas, por ejemplo, relata que frente a la turbación de la Virgen por el anuncio de Gabriel, que venía de parte de Dios para decirle que era la elegida para ser la Madre del Mesías, le dijo esas palabras:

---

[1] Las citas del Antiguo Testamento las he tomado de la *Sagrada Biblia* de Nácar Colunga, BAC, Madrid, 2002. Y las del Nuevo Testamento proceden de *Sagrada Biblia. Nuevo Testamento*, EUNSA, Navarra, 2004.

«No temas, María» (Lucas 1, 30). Esa misma advertencia la pronuncia el propio Jesús, una vez resucitado, en su primera aparición a los apóstoles, que estaban muertos de miedo en el Cenáculo de Jerusalén, y les saluda con idéntica frase: «¡Soy yo, no temáis, soy yo!» (Lucas 24, 36), o cuando en plena tempestad del lago de Tiberíades se acerca hasta su barca, zarandeada por el viento, y andando sobre el agua les dice: «Soy yo, no temáis» (Marcos 6, 50). Llenaría medio libro con citas de esos momentos en los que profetas y reyes del Antiguo Testamento reciben un encargo de Yahvé. Frente a una reacción inicial de pánico ante lo sobrenatural, de temor a lo desconocido, escucharon ese mismo mensaje de «¡fuera el miedo!» animándoles a cumplir una misión que rompía y superaba con mucho sus esquemas humanos. Es muy alentador hacer ese ejercicio de búsqueda de estas palabras que, al ser reveladas (como todo lo que contiene la Biblia), encierran una recomendación que vale la pena tener en cuenta. Doy fe de ello.

Do not be afraid. Cuatro palabras inolvidables, pronunciadas a cámara lenta por alguien que se las dice a sí misma cada mañana, en el arranque de su día a día nada fácil en el corazón mismo de Tierra Santa, que me llevaron a no volver a dudar sobre la oportunidad de hacer las maletas y salir hacia Israel.

Mi conclusión suponía, como valor añadido, pasar la Semana Santa en el lugar más sagrado de la tierra, que en el año 2004 iba a coincidir con la Pascua judía y la ortodoxa. Sobre el papel sonaba bien, pero jamás imaginé la realidad. Si es una gran suerte visitar una vez más los caminos que hace dos mil años recorrió Jesús, la perspectiva de culminar este periplo viviendo los oficios de Jueves, Viernes y Sábado Santo en Jerusalén rompe los esquemas normales. Realmente, la palabra «extraordinario» no es un tópico en esta ocasión. Y salí hacia el aeropuerto, rumbo a Jerusalén, convencida de que para un cristiano ir a Jerusalén es volver a las raíces: a la cuna y fuente de la fe. No se ha dicho en vano que Tierra Santa es el Quinto Evangelio.

A mi vuelta me esperaba otra aventura importante, la de volcar en unas páginas la riqueza de este viaje. Me senté a escribir y traté de hacerlo con cierto orden cronológico, pero no era una tarea fácil. He decidido situar Jerusalén, ciudad santa por excelencia, como eje central y punto de partida de toda la narración. Sólo a partir del capítulo 4 he seguido la vida de Jesús, desde la Encarnación en Nazaret hasta su muerte en la cruz. Y en un último capítulo he reflejado con unas pinceladas mínimas la huella de los cruzados. Todo ello salpicado de incursiones en lugares y sucesos que también se entremezclan en la existencia real de Jesús y de su tierra.

Quiero añadir, como explicación final, lo que dijo San Juan en el epílogo de su Evangelio: «Hay además otras muchas cosas que hizo Jesús. Si se escribieran una por una, pienso que ni todo el mundo bastaría para contener los libros que se escribieran» (Juan 21, 25). Ésa es mi impresión en mucha mayor escala. ¡Resulta imposible describir en unas cuantas páginas lo que significa esta tierra!

Capítulo 1
¿Por qué Israel?

Sé fuerte y valiente, porque tú introducirás a este pueblo en la tierra que el Señor prometió a sus padres que les daría; tú se la entregarás en posesión. El Señor mismo marcha delante de ti. Él está contigo. No te dejará ni te abandonará. No temas ni te asustes.

DEUTERONOMIO 31, 7-8

Entre los correos electrónicos que cada día aparecen en mi ordenador leo un mensaje de La Esfera de los Libros. Nos reunimos esa misma semana y hablamos de mil posibilidades, pero la conversación se centra enseguida en el proyecto de escribir un libro que refleje un viaje a Tierra Santa. Un viaje tantas y tantas veces repetido a lo largo de dos mil años con la emoción de descubrir estos lugares incomparables, que yo he tenido la oportunidad de hacer en otras ocasiones.

La idea me atrae mucho, pese a que la situación en Israel resulta cada día más compleja. Las noticias de todos los medios de comunicación sobre el conflicto de Oriente Medio son sangrientas y muchas veces contradictorias. Para viajar en estas condiciones debo sopesar los pros y los contras, pero sin esperar demasiado. Prometo averiguar hasta qué punto, en las circunstancias actuales, es posible moverse por allí y volver a descubrir, palmo a palmo, la Tierra de Israel.

A través de amigos comunes, me pongo en contacto con un matrimonio europeo que vive en Jerusalén. Son dos guías profesionales, perfectos conocedores de aquella zona del mundo, a lo que hay que añadir su gran pasión, la arqueología, que les hace ser verdaderos expertos en la materia. De hecho, en uno de sus *e-mails* me cuentan que en estos meses en los que se ha reducido el turismo están dedicados a un trabajo de excavaciones muy interesante sobre Emaús. Además, él es periodista y ha escrito varios libros en torno a este mundo complejo y apasionante.

Me envían, a vuelta de correo, un programa con el eslogan: *To Israel in April*, diez días en los que se sucederán, en perfecta alternancia, las visitas a los Santos Lugares. Jerusalén será el punto de partida y centro de todo el periplo, para conocer y extraer en la medida de lo posible la riqueza que encierran cada uno de los sitios —decisivos para la historia de la humanidad— que están en este lugar único: Getsemaní, el monte Sión, el Cenáculo, la Vía Dolorosa. En el programa figuran ciudades y lugares de íntima resonancia para un cristiano: Belén, Betania, Nazaret, Tiberíades, Cafarnaún, Jericó, el mar Muerto.

A partir del momento en que tomé la decisión de emprender el viaje, lo primero que leo en los periódicos, todos los días, son noticias duras y alarmantes del conflicto entre palestinos e israelíes. Son noticias que recuerdan una y otra vez ese escenario sangriento, desde la guerra de los Seis Días del general Dayan al comienzo de la Intifada, pasando por los ataques sirios, las represalias israelíes o los kamizakes palestinos. La situación no es clara, pero, sin que esto se malinterprete, añade un punto de valor, por muy negativo que sea en sí mismo, a la oportunidad de recorrer esa tierra de promisión, que se ha convertido, a lo largo de la historia, en tierra de confusión.

Por fin, después de varias semanas de incertidumbre, salgo

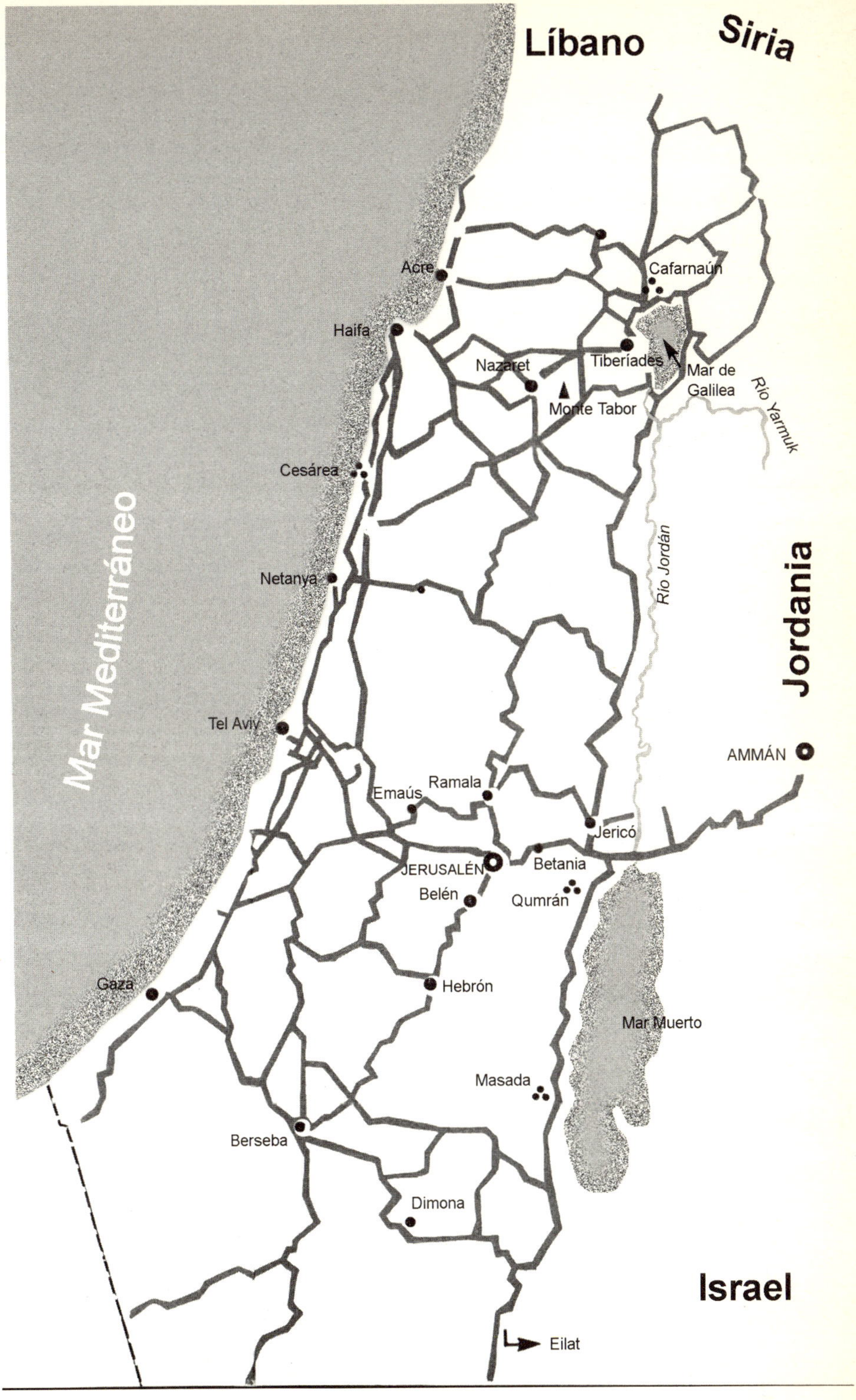

Líbano
Siria
Acre
Cafarnaún
Haifa
Nazaret
Tiberíades
Mar de Galilea
Monte Tabor
Río Yarmuk
Cesárea
Mar Mediterráneo
Río Jordán
Jordania
Netanya
Tel Aviv
AMMÁN
Emaús
Ramala
Jericó
JERUSALÉN
Betania
Belén
Qumrán
Gaza
Hebrón
Mar Muerto
Masada
Berseba
Dimona
Israel
Eilat

de Madrid. Alguien me dice como despedida: «¡Cuidado con los coches bomba! ¡No se te ocurra subir a un autobús!» Mis amigos de Israel, en cambio, me aseguran que el clima diario es diferente a las noticias de los periódicos. Es verdad que a todo se acostumbra uno. Me repiten que no existe ningún peligro, aunque es mejor no arriesgarse. Si se oyen tiros, no hay que salir corriendo, porque en principio no van dirigidos a nosotros. El clima de suspense, no cabe duda, se cuela en el alma, y el momento de embarcarse en el avión no tiene nada que ver con un viaje a Sevilla, a Bruselas o a Copenhague. Algo, sin embargo, compensa ese bombardeo psicológico y hace superar cualquier tipo de miedo: la impresión de volver a Tierra Santa.

Primera escala del avión: Barcelona. Unos minutos para repostar y saldremos con dirección a Tel Aviv. Es el programa del vuelo, pero antes hay que pasar por las medidas extremas de seguridad: explorar uno a uno los bolsos de mano, desmontar y pasar por rayos X todos los aparatos... Hay un clima tenso que esperamos que termine al subir al avión. Recuerdo mi anterior viaje, vía Zurich, en el que nos aislaron del resto de los viajeros, como si estuviésemos en cuarentena. Junto al aparato, los soldados armados hacían que las preguntas más inofensivas se convirtieran en incómodas. Nos colocaron en fila. Nos invitaron a dejar sobre un banco los bolsos de mano ya registrados. Una vez libres de bultos, pasamos de uno en uno a recoger nuestro equipaje, para abrirlo de nuevo frente a otro soldado armado que, con una sonrisa (¡menos mal!), nos pidió disculpas por el revoltijo en que había dejado la maleta después de haber inspeccionado hasta la pasta de dientes. ¡Y pensar que soportamos estoicamente este latazo en pro de la seguridad!

En este viaje, a pesar de la tensión internacional, los controles han sido más normales. Ya en el avión, descubro entre los pasajeros a un tipo vestido de negro, con el traje un tanto raído, que tiene la parte superior del cráneo cubierta con un pequeño gorro de punto, sobre el que se coloca el sombrero. Es el primer judío ortodoxo que veo en pleno ejercicio de su identidad. Antes de ponerse en marcha los motores, está embebido en un libro negro. Me parece que lee salmos.

Es mediodía cuando despega el avión. A pesar de los pesares (llevamos ya varias horas de espera), la emoción sigue siendo intensa. El próximo aterrizaje será en Israel, esa tierra prometida y dada por Dios a los hombres con un fin: la Redención. Una perspectiva que, como dijo el escritor francés Pierre Benoit a la vuelta de uno de sus viajes a Israel, no se puede olvidar si se quiere entender lo que ocurre en este país. Un lugar al que no se puede ir solamente con la actitud que bastaría a un turista en cualquier parte del mundo. Porque el viajero a Tierra Santa tiene que descubrir en esa geografía algo tremendamente profundo: se trata de la historia que significa la relación de la humanidad con Dios y el destino eterno de cada ser humano. Por eso, el mismo escritor, a la lista de objetos indispensables que aconsejan las agencias de viajes —pasaporte, divisas, un sombrero para el calor o una manta para el frío por la noche—, añade dos cosas absolutamente necesarias: la Biblia y la propia alma. Magnífico consejo que nadie que planee hacer este recorrido debe olvidar si quiere encontrar la gran verdad sobre su vida, que, en este punto del mundo, resuelve los grandes interrogantes del valor de cada ser humano, del porqué de su existencia, del sentido espiritual profundo que tenemos tan arraigado en nuestro interior.

Cruzamos la antigua Yugoslavia: montañas escarpadas, tonos ocres... Salimos al mar Egeo. El vuelo es largo. Vamos al punto de encuentro de tres continentes: Asia, África y Europa. A ese centro neurálgico que, a lo largo de los siglos, ha supuesto el cruce de las dos civilizaciones más antiguas del mundo: Egipto y Mesopotamia.

«Volamos sobre Patmos», anuncia el comandante. Desde los diez mil metros de altura, se divisa una isla que parece de juguete, entre otros islotes del Mediterráneo. Y sin embargo no es una isla más. Su nombre cargado de reminiscencias bíblicas —la tradición dice que allí vivió la Virgen acompañada por el evangelista san Juan— es una nueva llamada a la realidad: estamos a las puertas de Tierra Santa.

Son las cinco de la tarde. Hay una hora de diferencia con Europa. Desde la altura sólo veo una parte de la costa que se recorta sobre un mar en calma. Todo pasa a un segundo plano. Más de una persona pega su rostro a la ventana para captar, en toda su hondura, el contacto inicial con este espacio predestinado de la Tierra, elegido para que el Verbo de Dios viviera como un hombre entre los hombres. Grandeza de una tierra que no estriba en su tamaño (los territorios dados a los judíos tienen una extensión de veinte mil setecientos kilómetros cuadrados, que equivalen a cinco provincias pequeñas de España), sino a su destino previsto en los planes de Dios desde toda la eternidad. El aterrizaje es perfecto. El sol cae en el horizonte y un aire húmedo advierte de la cercanía del mar. El aeropuerto de Lod, sin embargo, tiene al fondo montes bajos. El paisaje es el clásico de un aeropuerto mediterráneo. Nada llama la atención. Nada emociona en este primer golpe de vista. Sabemos que nos encontramos ya en Israel porque no hay quien entienda una sola palabra de los rótulos, que están escritos en hebreo y en árabe. Por suerte, también están en inglés. La sala en la que nos encierran, materialmente, está desangelada: es lo más parecido a una estación de tren de un país subdesarrollado. Apostados en los mostradores y en cada puerta, hay soldados armados. Algunos con pistola y metralleta. Son muy jóvenes, con una mirada indescifrable. Yo diría que están cansados, no sé si de resistir a pie firme todo el día o de soportar la tensión a la que se encuentran sometidos.

La cola y la espera se hacen interminables. No es fácil aguantar en un edificio inhóspito como éste cuando la meta final es nada menos que Jerusalén. Para hacerla más corta, hojeo un folleto de turismo que hay sobre una mesa. Habla de la ciudad de Lod, la vieja Lydda, a cinco kilómetros del aeropuerto. Cuenta, antes de nada, su situación sociopolítica. La trayectoria es semejante a la de muchas ciudades de la zona: árabe hasta 1948, con la declaración del Estado de Israel se pobló con nuevos inmigrantes, judíos en su mayoría. Es una ciudad antiquísima, que fue amurallada en tiempos de Josué; allí nació y está enterrado el legendario san Jorge, patrono de Inglaterra, Aragón y Cataluña.

Es el último día de marzo. Faltan pocos días para esa semana marcada por tantas personas en el calendario como «santa». Llegan aviones procedentes de los países más dispares. El aeropuerto, como ocurre en cualquier lugar del mundo, se convierte en un punto de encuentro internacional. Pero aquí hay algo diferente. Se escuchan todas las lenguas que yo conozco, aproximadamente, más una, el hebreo, que relaciona entre sí a buena parte de los viajeros que van desembarcando, no sólo de mi vuelo (que en Barcelona ha enlazado con otro de Buenos Aires), sino de distintos países de Europa y de América. Me fijo y descubro que varios llevan la cabeza cubierta por ese pequeño solideo, la *kipáh*. Otros portan el sombrero de los judíos ortodoxos. Deduzco enseguida que estoy rodeada de muchos hombres y mujeres que tienen una expresión de infinita nostalgia en su mirada, entreverada de emoción, porque vienen por vez primera a su tierra, Israel, o porque regresan a ella. Son judíos americanos, rusos, argentinos..., que van al encuentro de sus raíces más hondas, de su raza, de su razón de vivir, al suelo de sus mayores, donde les espera, quizás, buena parte de su familia.

Una vez pasada la aduana y los controles de policía, el vestíbulo del aeropuerto de Lod es un espectáculo insólito. Aparecen niños con flores para sus abuelos, para sus parientes más o menos lejanos, para gentes de su misma raza que no pueden ni quieren esconder la alegría del reencuentro. No les pesan las treinta horas de trayecto que más de uno lleva en el cuerpo.

Anochece de pronto, sin previo aviso. No cede el calor, pero cuando arranca el coche amaina la presión de las últimas horas. Salimos por una autopista rodeada de casas con el aspecto inconfundible de los suburbios de una gran ciudad. Las luces de la carretera me ayudan a distinguir una vegetación de palmeras y cipreses que flanquean el camino.

Empiezo a situarme. Tengo a mi lado a la encargada de negocios de un consulado de Tel Aviv, que vive allí desde hace diez años. Habla cuatro idiomas. Parece inteligente y simpática. Me va revelando datos importantes. El hotel al que voy está situado en la carretera de salida hacia Belén. No es posible ir a visitar la ciudad vieja cuando lleguemos. Me asegura que no es por que haya peligro, sino por prudencia. Voy captando el mensaje. Es una combinación de no aceptar, en toda su dimensión, la evidencia de lo que ocurre, unida a un acostumbramiento a la situación, bastante lógico después de años de conflicto. Todo sumado al empeño por darnos una buena impresión de esta tierra. Sin duda, estamos en un país en el que, a pesar de las circunstancias adversas, las personas son acogedoras al máximo. Veamos lo que veamos, y pase lo que pase, aquí todos se saludan con la palabra *shalom*, «paz», que es la máxima aspiración de los que viven en Israel, sean árabes o judíos. No les importan las trincheras, refugios y alambradas. La paz es, repiten, una garantía de seguridad.

Después de diez horas de viaje, llegamos a un hotel, muy moderno en las afueras de Jerusalén. La impresión que produce al entrar es la misma que si estuviésemos en París, Roma, Londres o Madrid: se habla inglés, se manejan dólares y se viste a la europea, con ligeros ramalazos exóticos. Eso sí, hay rasgos árabes entre el personal de servicio: ascensoristas, maleteros, mozos de comedor... Los judíos ocupan los puestos directivos.

La ventana de mi habitación ofrece una vista espectacular. La luna está en su cuarto creciente, cerca ya de la luna llena de nisán, que, año tras año, luce en el cielo en torno al Viernes Santo. Y hay, sobre todo, en mi interior, la pena de intuir a lo lejos —sin poder acercarme, por prudencia— a esa ciudad, Jerusalén, corazón de esta Tierra Santa, donde ocurrió el Hecho de la Historia.

Porque fue allá abajo, aún no sé la distancia que nos separa, donde los hombres, cada uno de nosotros, toda la humanidad, rechazamos al Hijo de Dios, que vino a compartir nuestro destino. A respirar el mismo aire. A contemplar idéntico paisaje. A recibir la luz de esa misma luna que matiza con tonos suaves los alrededores. Y lo hizo porque quería abrir a los hombres, que iban a darle muerte, las puertas de lo eterno, de la felicidad sin límites.

Hojeo antes de dormir un libro, *Dos mil años de Israel*, escrito por el historiador y arqueólogo Dan Bahat, quien afirma:

> Desde hace casi cuatro mil años el pueblo de Israel y su tierra han escrito páginas fascinantes en los anales de la humanidad. A partir de Abraham, en la mitad del segundo milenio a.C., hasta nuestros días, el pueblo judío —parte en su tierra y muchos fuera de ella— ha sido un foco de interés bastante desproporcionado, tanto por el número de personas como por el tamaño de su tierra.
>
> Desde Israel, con las enseñanzas de los profetas, nos llegaron leyes universales de conducta que, más tarde, se extendieron al mundo gracias a los judíos en el exilio, y por los miembros de otras religiones que hicieron suyos algunos de los preceptos de la ley judía, aplicándolos a sus textos sagrados.
>
> La idea monoteísta judía de creer en un solo Dios fue adoptada tanto por el cristianismo como por el islamismo; después de todo, las tres religiones tienen su centro en Israel y llevan hasta Jerusalén a personas de los países más variados del mundo.

Israel tiene una entidad espiritual, además de geográfica. Sus fronteras se han movido con los siglos y también ha cambiado su nombre a lo largo del tiempo: con Abraham era la tierra de Caná, para los creyentes de las tres religiones es la Tierra Santa y los romanos la llamaron Palestina. David Aron dice que «Israel, su tierra, su gente, no tiene parangón en los anales de la humanidad». Una tierra y un pueblo que han existido varios miles de años y han conocido todo tipo de suertes, muchos momentos de grandeza y de declive, muchos eventos dramáticos, algunos de los cuales han tenido una influencia considerable en el mundo entero.

Quizás estas ideas movieron a Chateaubriand a escribir que «Israel es el único país de la Tierra que reproduce al viajero el recuerdo de los asuntos humanos y de las cosas del cielo, y que hace nacer del fondo del alma, mediante esta mezcla, unas sensaciones y unas ideas que ningún otro país puede inspirar».

Capítulo 2
Jerusalén, una visión rápida

Jerusalén, cuyo nombre evoca tantos misterios y sobrecoge la imaginación: parece que todo haya de ser extraordinario en esta ciudad extraordinaria.

RENÉ DE CHATEAUBRIAND, *Itinerario de París a Jerusalén.*

A las cinco de la mañana el sol se ha adueñado del cuarto y quizás también de mi interior, pues la impresión de despertarse tan cerca de Jerusalén es muy intensa y compensa cualquier posible inconveniente, como el madrugón. La luz intensa baña el campo y los edificios que están diseminados alrededor. En Israel la vida empieza pronto y a las seis tengo un coche dispuesto para llevarme a la ciudad antigua.

Mi plan para esa mañana va a consistir en ubicar, en un primer recorrido, los distintos lugares que llenan esta ciudad de recuerdos sagrados, decisivos todos ellos para que se cumpliera el plan de Dios sobre los hombres. Será una visión rápida, para captar al máximo todo lo que encierra. Voy a prescindir de guías, con la seguridad de que un buen plano y la Biblia para encuadrar los episodios que ocurrieron hace dos mil años serán la mejor ayuda para conocer el terreno. Después ya iré descubriendo, en detalle, lo que la huella del tiempo, los trabajos arqueológicos y la historia, con sus procesos de conquistas, guerras, destrucciones y reconstrucciones, espectacular en este punto de la Tierra, han hecho en esta ciudad, destruida dieciocho veces a lo largo de los siglos.

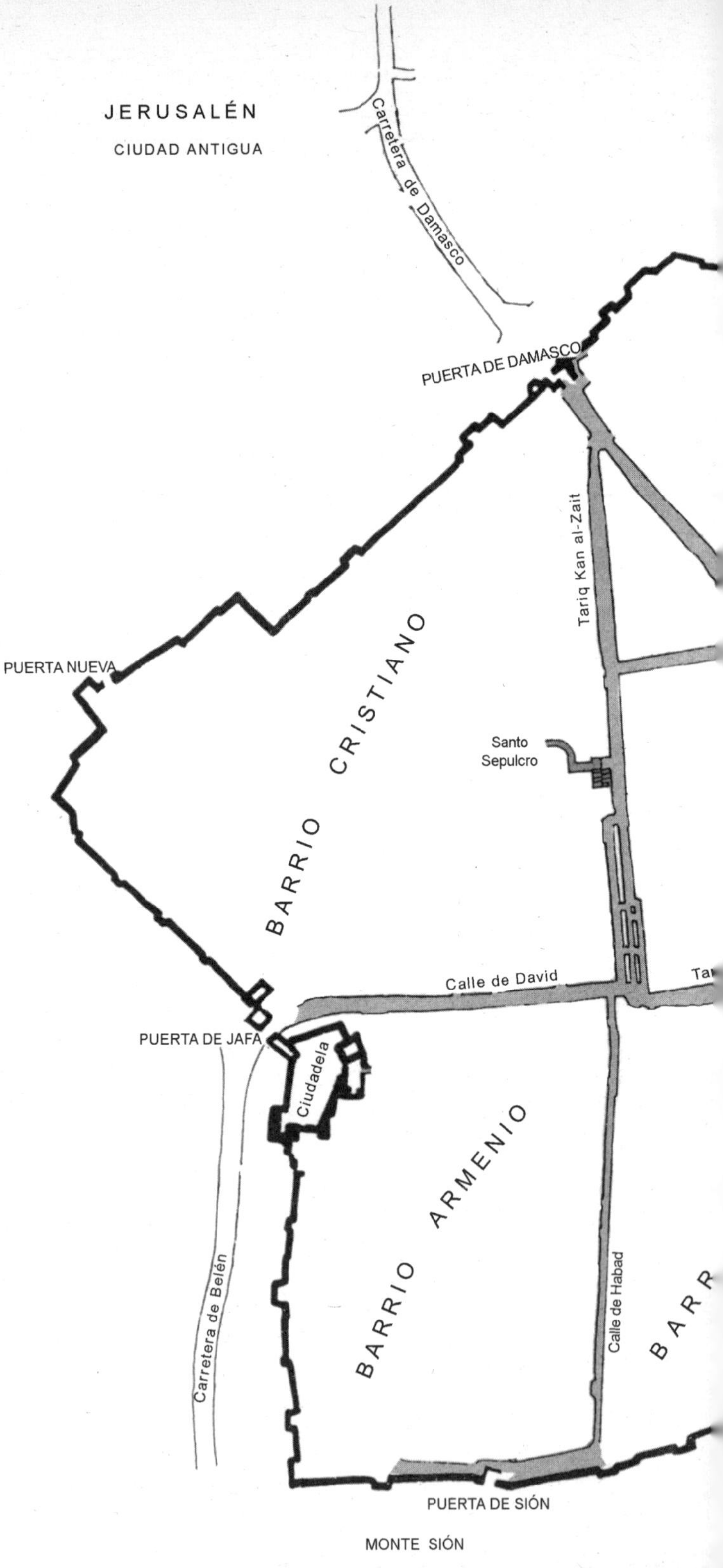

JERUSALÉN
CIUDAD ANTIGUA
Carretera de Damasco
PUERTA DE DAMASCO
Tariq Kan al-Zait
PUERTA NUEVA
BARRIO CRISTIANO
Santo Sepulcro
Calle de David
PUERTA DE JAFA
Ciudadela
BARRIO ARMENIO
Carretera de Belén
Calle de Habad
PUERTA DE SIÓN
MONTE SIÓN

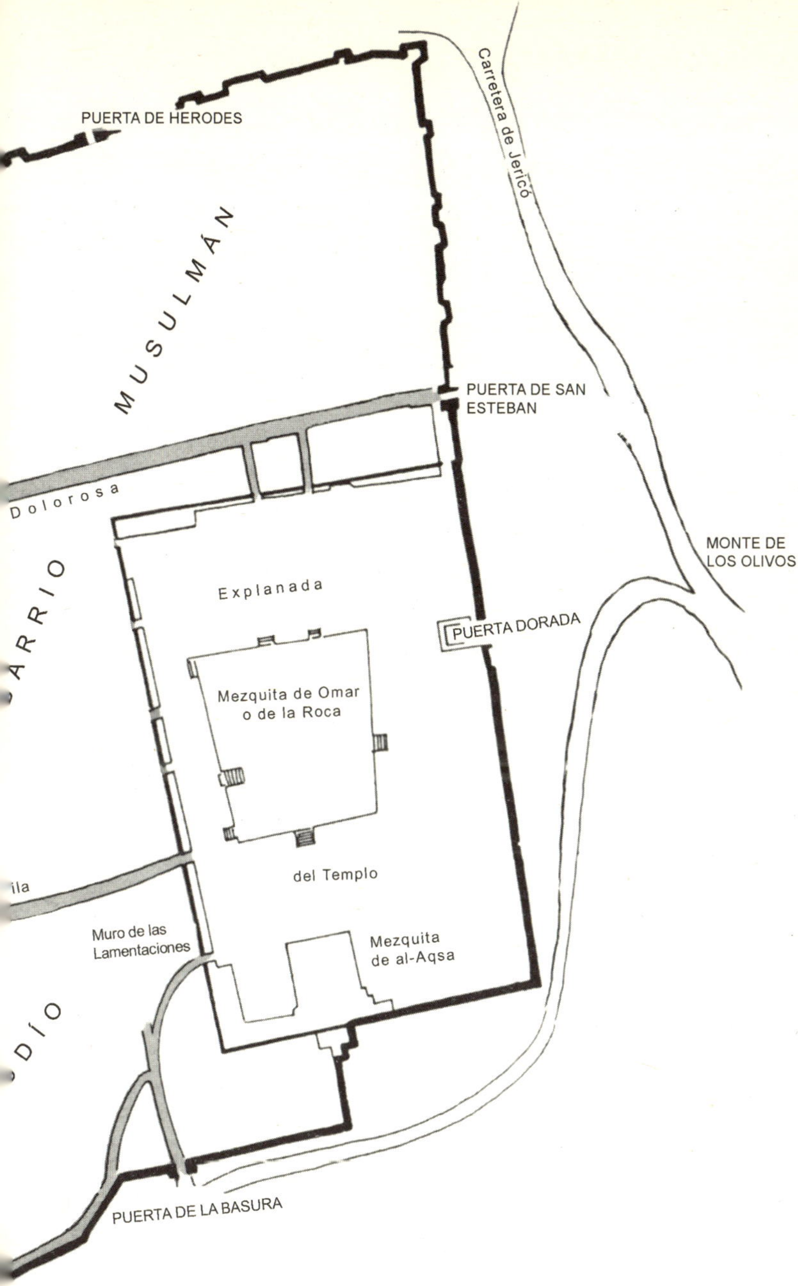
PUERTA DE HERODES
MUSULMÁN
Carretera de Jericó
PUERTA DE SAN ESTEBAN
Dolorosa
ARRIO
Explanada
Mezquita de Omar o de la Roca
del Templo
MONTE DE LOS OLIVOS
PUERTA DORADA
ila
Muro de las Lamentaciones
Mezquita de al-Aqsa
DÍO
PUERTA DE LA BASURA

Tengo muy claro que el primer objetivo es el Santo Sepulcro, centro espiritual no sólo del cristianismo sino de toda persona que, con un mínimo de sensibilidad y de cultura, conozca la historia de la Pasión de Jesús de Nazaret, que triunfó sobre la muerte porque, como había predicho, resucitó al tercer día. Esa basílica guarda las dos reliquias originales: el monte Calvario donde crucificaron a Cristo y la tumba, el Santo Sepulcro, donde colocaron su cuerpo muerto.

Nombre y lugar que quedarán unidos en mi memoria a una sorpresa totalmente inesperada. Motivo: la expresión de indiferencia del taxista, un nativo que apenas habla inglés y no comprende nada de lo que le digo sobre el punto de destino al que pretendo que me lleve. ¿Será posible —pensaba, observando su mirada indiferente— que haya un ser humano que desconozca y pase olímpicamente de esta parte fundamental de los acontecimientos que allí ocurrieron? Seguimos hacia la muralla, que se divisa a lo lejos. Para unos segundos y pregunta a unos colegas. Ponen cara de no tener ni idea.

Es un choque frontal, duro de asimilar, hiriente, con la realidad tremenda que uno se puede encontrar. Jerusalén, con sus tres mil años de historia, centro histórico espiritual y nacional del pueblo judío desde que el rey David la hizo capital del reino, con seiscientos setenta y cinco mil habitantes, de los que una tercera parte son judíos, la Ciudad Santa de tres religiones monoteístas, es, por encima de cualquier otro dato, una nueva Babel en la que no es fácil entenderse.

Por fin el conductor masculla algo ininteligible y me deja en la Puerta de Damasco. El sol, un poco más alto, llena de luces y sombras las piedras de la muralla. Los árabes también amanecen. Con ritmo cansino van rompiendo el silencio y llenando el vacío que la noche ha dejado sobre la ciudad vieja, una ciudad distinta radicalmente a la que yo tenía en mi imaginación, consecuencia de los relatos, parcos siempre en descripciones anecdóticas, del Evangelio, que nada tiene que ver con lo que observo a mi alrededor: las calles estrechas, oscuras y misteriosas de un típico zoco oriental, con vendedores ambulantes, niños desarrapados de ojos muy negros y pelo rizado (guapísimos), mujeres de piel morena con túnicas bordadas de rojo, de verde, de azul turquesa, de amarillo, sobre las que suenan abalorios y colgantes de mil formas y colores. Muchas van cubiertas con velos negros o blancos. Olores agridulces, mezclados con incienso y especias.

La anarquía del urbanismo musulmán se detiene en la frontera del barrio cristiano, cuando, después de las subidas, bajadas y vericuetos, doy, por fin, con la plaza que desemboca en la basílica del Santo Sepulcro.

Los edificios ganan altura y, pese a lo angosto de las calles y a los trazados imprevistos, se desemboca en una explanada. Aquí está el epicentro de la historia, el punto al que quiere llegar todo cristiano, es más, me atrevo a repetir, toda persona un poco cultivada que viene a Jerusalén. La basílica, del tiempo de los cruzados, guarda en su interior dos tesoros por los que cristianos de distintos credos han peleado hasta dar su vida: el Calvario y el Santo Sepulcro, reunidos en un mismo templo, eje sobre el que gravita el conjunto de la Ciudad Santa. Y, lo que uno se encuentra en un contacto inicial, es desolador. Una arquitectura mediocre —mezcla de estilos, a partir de los cruzados— ha sustituido al paisaje que nos gustaría contemplar y venerar. Paisaje aniquilado pocos años después de la muerte de Cristo. Dos cúpulas grises recubren este lugar santo por excelencia.

El interior es más confuso. Decepciona. Abruma. Cinco confesiones cristianas se reparten la basílica del Santo Sepulcro y se suceden en su custodia de acuerdo con un turno rigurosamente cronometrado a partir del statu quo con el que se establecieron las reglas del juego. Desde la puerta se oye salmodiar a los coptos. Aparece un franciscano que nos aclara que a esa hora ya no hay culto católico. Para oír misa hay que ir a la iglesia del Salvador, donde tienen su convento estos frailes «custodios de Tierra Santa». Explica que él ha venido dos años para estudiar en una de las escuelas bíblicas. Comprende mi asombro y me aclara un aspecto fundamental a tener en cuenta desde los primeros pasos en esta ciudad privilegiada, para superar el sentimiento insólito que produce este espectáculo de la división. Porque lo que demuestra esa situación, tan extraña a primera vista, es la fuerza y la importancia de este lugar santo.

En la puerta de Jaffa, una de las ocho que cierra la muralla de la ciudad vieja, me rindo ante la dificultad de aclararme sola por el laberinto de los cuatro barrios de la parte antigua de Jerusalén: armenio, árabe, cristiano y judío. Entablo un valioso contacto para conocer la zona de una manera ordenada: se trata de un árabe cristiano, Abu Moshe, al que pregunto una dirección y se ofrece a orientarme en aquel maremágnum. Es de los muchos que merodean por los alrededores y que son de enorme utilidad para una emergencia. Se conocen de memoria los Santos Lugares, manejan al mismo tiempo el Evangelio y un pozo sin fondo de datos, leyendas y tradiciones, consecuencia de años de hacer de guías ocasionales, y por unos pocos dólares aclaran todas las dudas que surgen en esa incursión, imposible de llevar a cabo en solitario.

Su propuesta, que me parece acertada, se centra en la ciudad antigua de Jerusalén. El recorrido arranca en el Muro de las Lamentaciones, al que se llega desde la Puerta de Damasco. Ese trozo de muralla, convertido hoy en lugar sagrado para los judíos, es lo único que queda en pie del templo de Herodes: es un muro de contención que se elevaba treinta metros hasta la explanada. La altura de los bloques tenía un promedio de 1,20 y algunos llegaban a 1,80 por nueve metros de longitud. El resto es fácil de imaginar a partir de este pequeño pero impresionante fragmento que quedó destruido por Tito en el año 70 d.C., en cumplimiento de la profecía de Jesús: «No quedará de ti piedra sobre piedra.» Es el punto más cercano al área donde estaba el templo de Herodes, al que los israelíes no tienen acceso desde que las mezquitas musulmanas ocupan la colina del monte Moria. Hay, además, una orden impuesta por las autoridades religiosas judías que prohíbe entrar a este recinto por miedo a profanar el lugar en el que estaba el Sancta Sanctorum, donde se guardaba el arca de la Alianza con las Tablas de la Ley. Como no se sabe con seguridad en qué punto estaba, para ellos pisar esa tierra sería una profanación.

Antes de entrar al recinto del muro, un soldado registra a cada persona. Hay muchos coches de policía y un rictus de tensión en los rostros. Todo eso me hace recordar que estamos cerca de la Pascua judía, que el ambiente está lleno de amenazas y que este punto concreto puede ser un objetivo claro de los terroristas, de cualquier signo, por el ir y venir de judíos ortodoxos que acuden a este lugar. El registro es una operación, molesta pero eficaz, que se repite en cada entrada y salida de edificios, museos o puntos destacados. Choca y fastidia en un primer momento, pero enseguida se convierte en un gesto mecánico que nos hace movernos más tranquilos.

Frente al Muro esperan al Mesías

Es martes, un día que transcurre con un ritmo diferente para los judíos que, fieles al Shabat, han empezado su semana el domingo. Al fondo de una explanada, jalonada por edificios de diferentes épocas y estilos, un muro de piedra entre ocre y rosada se calcina al sol. Sobre la pared de arcilla hay una segunda pared humana formada por personas que acuden hasta aquí para dejar sus preocupaciones espirituales, «sus lamentos», sus ruegos, al abrigo de estas piedras que les vinculan con el Mesías, al que esperan para que los salve. Pared multicolor en el lado reservado a las mujeres. Uniforme y gris en el recinto de los hombres. Unos y otros unidos por una misma creencia. Rezan. Leen. Piensan. Suspiran, reclinando sus frentes en la piedra milenaria. Entre las junturas, hay papeles y más papeles con peticiones. Ahí depositó la suya Juan Pablo II en el año 2000, cuando, lleno de veneración ante el sentido religioso que allí se respira, pidió por escrito al único Dios verdadero, al que se hizo hombre para salvar a los hombres del pecado y librarles de la muerte eterna, su ayuda para la humanidad, en el inicio del tercer milenio, un tiempo cargado de incertidumbre.

La expresión de los rostros aparece ensombrecida por cierto dramatismo. Me acerco con el máximo respeto. Una mujer rubia, con muy buen aspecto, lee un libro. Otra, de piel arrugada y vestida de negro, recita oraciones. Hay gente joven y mujeres de todas las edades que se aíslan de quienes acudimos para conocer lo que allí ocurre, en plan casi turístico, aunque el ambiente lleva a respetar al máximo el recogimiento de los que están rezando. Produce cierta pena pensar que tengan que acudir a estas ruinas para abandonar su inquietud y su dolor.

En el extremo opuesto, fieles a la tradición de la Biblia que les prohíbe mezclarse con las mujeres, rezan los hombres. Ellos tienen que cubrirse la cabeza con la *kipáh*. En la entrada, un montón de solideos de cartón negro invita a todo el que pasa a tapar su cabeza con este símbolo de respeto.

Hay niños pequeños, chicos con aire *hippie*, soldados de uniforme, rabinos envueltos en sus filacterias, bien anchas, y judíos ortodoxos vestidos de negro, con sus tirabuzones (una copia, me aseguran, de los que usaba el rey David). ¿Será verdad? Algo me dice que sí. A las pocas horas de conocer esta ciudad, voy calando en la continua paradoja que entraña. Creo, incluso, que esta mezcla entre lo moderno y lo arcaico, lo viejo y lo nuevo, lo cínico y lo idealista que se descubre en cada piedra, en cada gesto, en cada persona, es lo que hace de Israel un pueblo complicado y difícil de entender, pero lleno de atractivo.

Otro día iremos a la zona de las mezquitas. Un policía nos dice que es mejor dejarlo por el momento. La víspera hubo enfrentamientos y el ambiente de crispación está muy cargado. Han dado incluso la orden de no dejar pasar, ocurra lo que ocurra, a menores de cuarenta y cinco años. «Vuelvan otro día con el pasaporte» y —no lo dice, pero se le adivina en la voz— con una buena dosis de paciencia. Hay que sonreír. Estamos en esta ciudad incomprensible donde la religión, que en principio debería unir a los hombres, abre abismos infranqueables. Para no agudizarlos, es mejor dejar esta visita para otra ocasión y seguir en paz nuestra ruta.

LA VÍA DOLOROSA Y EL SANTO SEPULCRO

Hemos echado a andar por las calles de Jerusalén. Estamos en el barrio árabe. Calles angostas, empedradas, que tienen la anchura de nuestras aceras y de las cuales, con frecuencia, arrancan escaleras empinadas. El tipismo propio de un bazar popular está en su apogeo. De las tiendas que jalonan uno y otro lado de la calle cuelgan trajes, collares, rosarios y abalorios de colores vistosos, que se entremezclan con las fruterías, los puestos repletos de dulces, otros con productos indefinibles, polvos y ungüentos. En las puertas de los aguaduchos, hombres con sus *keffiyes* en la cabeza, rodeados por una cuerda elaborada con pelo de camello, o con sus *tarbuches* descoloridos, fuman en unas pipas largas, interminables. Las chupan con la mirada perdida en el horizonte. Las mujeres, sombrías, están allí, simplemente sentadas. Mendigos harapientos van y vienen de uno a otro extremo de la calle.

De pronto, en aquel laberinto con ruido, olor y color de zoco oriental, descubro un letrero que me estremece: «Vía Dolorosa.»

En ese primer momento resulta terrible comprobar que esta calle —la misma que recorrió Jesús destrozado, cargando con una cruz tosca, en aquellas horas dramáticas de su Pasión—, que tendría que venerarse como una reliquia, sea una calle más de la Tierra. Pero, al pensarlo desde otra óptica, con un mínimo de hondura, se entiende que esta realidad explica un poco más el misterio profundo que encierra la Redención. La Vía Dolorosa, a las doce del mediodía de un día cualquiera de cualquier año, es una parcela anónima del mundo de los hombres. El último trecho del camino que recorrió Jesús antes de morir, desgarrado, sin un aliento de vida, con la sola fuerza de su amor sin límites a los hombres, es una parte de esa humanidad a la que vino a salvar, a la que redimió arrastrándose por aquellas piedras que le llevaban al Gólgota, sufriendo cuanto un hombre puede sufrir en su cuerpo por la brutalidad del suplicio y, en su alma, por la frialdad y la ceguera de cada uno de los hombres por los que iba a morir. Un mundo que, hoy como ayer, vive tantas veces inconsciente o, lo que es peor, al margen del gran misterio que tuvo este lugar como escenario.

Si hay horas en la vida en las que se hace necesario el silencio, ésta es una de ellas. La subida se hace dura. La pendiente es fuerte. Y es, sobre todo, fuerte y duro de asimilar este entremezclarse de escenas pasadas y presentes. Horas cargadas con notas de eternidad, diluidas en un mundo indiferente, vuelto de espaldas a esa realidad suprema del dolor de Cristo y de la Cruz. Un mundo dedicado a sus negocios, a sus mercaderías, a sus baratijas.

Sin pronunciar una sola palabra (pienso que si en este momento quien cree no reza, difícilmente lo hará en otra ocasión), entro por fin en la iglesia del Santo Sepulcro.

La basílica, construida por los cruzados sobre los restos de la que edificó Constantino en el siglo IV, se terminó de construir en 1149. No le acompañó la suerte. En 1545 la destrozó un temblor de tierra. Otros dos seísmos, en 1927 y 1937, la sacudieron fuertemente.

Una vez dentro del templo, se llega al Calvario por una escalera desgastada por el uso. No hay culto esta vez. Tratan de explicarnos de la mejor manera posible cómo se organiza la división de los altares que allí aparecen: católico el de la derecha y griego ortodoxo el de la izquierda, situado sobre la roca en la que estuvo clavada la cruz de Cristo. En el centro, uniendo a los hombres como siempre lo hizo y lo hará, está la Virgen. Un altar pequeño marca el límite entre los espacios de las otras dos confesiones cristianas.

Sobran las explicaciones eruditas. Un católico cae de rodillas y se enfrenta a solas con la realidad: es aquí, en la cima de esta colina, donde murió el Hijo de Dios. Sin duda estamos en el lugar más sagrado de la Tierra.

Muy cerca, bajando otra escalera que bordea la roca del Gólgota, cubierta con un cristal, se encuentra la reproducción fiel de la narración evangélica que dice que «junto al lugar donde crucificaron a Jesús, había un huerto y, en el huerto, un sepulcro» (Juan 19, 41); a unos cuarenta metros, está lo que se llama «edícula del Santo Sepulcro». El encuentro físico con la tumba donde estuvo Cristo muerto, y donde tuvo lugar la Resurrección, es otro de los momentos intensos, fuertes, que sólo se pueden asimilar aislándose del entorno. Un entorno extraño bastante insólito, construido por los griegos en 1808. El templete de mármol mide 8,30 metros de longitud y 5,90 de altura. Trata de imitar los sepulcros judíos de la época de Jesús. Hay primero una pieza, «la capilla del Ángel», como recuerdo de la aparición que tuvieron las santas mujeres, en la que les dijo: «No busquéis entre los muertos al que ha resucitado.» Un pedestal en la puerta guarda un trozo de piedra que, según la tradición, formaba parte de la que cerraba la entrada de la sepultura en la que depositaron a Jesús al bajarlo de la cruz.

El paso siguiente, que da acceso a la cámara sepulcral, hay que darlo agachados. El arco de entrada es de un barroquismo extremo y está cubierto por letras del alfabeto griego. Lámparas, candelabros e incensarios de plata llenan techo y paredes. A la derecha, una losa de mármol rosa cubre la piedra en la que el cuerpo de Jesús estuvo muerto tres días. Este lugar tiene sólo dos metros de lado a lado. La mesa sobre el sepulcro tiene sesenta y cinco centímetros de altura. No caben más de seis personas que, por las dimensiones del recinto, tienen que arrodillarse. ¡Bendita circunstancia que obliga a ponerse en actitud de veneración a todo el que entra!

Es muy seria, muy honda, muy íntima la impresión que se siente al besar la losa fría. Una mezcla de angustia y dolor, propia del recuerdo de la muerte, unida, de forma inseparable, a la alegría infinita porque «Cristo resucitó al tercer día», como había predicho (1 Corintios 15, 3-4). Resulta bastante difícil rezar el *Credo* completo, por más empeño que pongamos. Las palabras se resisten porque resultan pobres. Pero, quizás, en este lugar sea suficiente con repetir una y mil veces ese «Creo», conscientes de lo que dejó escrito san Pablo: «Si no resucitó Cristo, vana es nuestra predicación, vana también nuestra fe» (1 Corintios 15, 14). Es mucho más eficaz el silencio y dejar que el alma vuelque sentimientos y promesas sobre ese mármol, hoy vacío, que guarda el mayor misterio de la vida de Dios Hombre, fundamento de la cristiandad.

Hay que salir porque a esta hora del mediodía parece interminable la cola de quienes esperan para entrar en ese espacio mínimo. Una imagen de la Virgen preside la cámara. Cuelgan del techo cuarenta y tres lámparas de plata: trece pertenecen a los católicos, trece a los griegos ortodoxos, trece a los armenios y el resto a la minoría copta.

Gentes de todas las razas, de los colores y ambientes más variados vienen a visitar esta sepultura. Todos rezan. Bastantes se emocionan. Algunos llegan con el aire inconfundible del turista medio y, sin embargo, se llenan de respeto frente a este monumento. Cuesta admitir que dejen entrar a quienes sólo acuden movidos por la curiosidad. Pero hay que aceptarlo con la certeza de que la fuerza de esta verdad, Cristo resucitado, ha removido más de un corazón frío o equivocado.

La impresión de estos dos lugares sagrados es tan fuerte que soy consciente de que no tengo la menor idea del conjunto. Antes de salir, hago un recorrido para enterarme bien de lo que encierra este santuario, posiblemente el más importante del mundo cristiano en razón de su significado, por más que la atmósfera del conjunto resulte sombría. O, mejor, hay un tono ambiental difuminado por una luz tenue. Y, todo, envuelto en el rumor continuo de los rezos más variados, donde se entremezclan las salmodias de los coptos con los cantos de los ortodoxos o las ceremonias católicas, que celebran sus ritos al compás del continuo ir y venir de hombres y mujeres de los ambientes y países más variados.

Hay que superar pronto esa primera impresión de desconcierto y buscar la verdad de lo que allí se custodia. Con un pequeño esfuerzo por trascender lo inmediato, en este lugar santo una fuerza interior te lleva a sentirte, con los contemporáneos de Jesús, testigo de la Resurrección de Cristo. Esta verdad, transmitida desde María Magdalena (la primera a la que se apareció Jesús sobre ese mismo terreno) hasta hoy, emerge con una fuerza incomparable. Se va captando que ese golpe de vista inicial que envuelve y aturde es el resultado de toda una serie de acontecimientos en torno a ese Hecho cumbre de la historia. Que, mucho más que el proyecto de unos arquitectos, son los infinitos procesos de conquista, destrucción y reparto de los Santos Lugares los que han marcado con su huella este edificio. Cada uno de los rincones del templo se ha llenado de un significado muy preciso y todo el espacio abierto en torno a la estructura principal se ha visto invadido con pequeñas capillas o recintos que recuerdan hechos y personajes que tuvieron un protagonismo en la Crucifixión y en la Resurrección de Cristo. Por encima de lo anecdótico, hay que hacer hincapié en lo fundamental: incluso esa confusión, todo este proceso histórico irrepetible —que no se ha dado en ningún otro monumento de la Tierra—, subraya que lo que allí se custodia es absolutamente decisivo para la historia de la humanidad, hasta el punto de que, a lo largo de más de veinte siglos, todos quieren tener un derecho y una presencia, por mínima que sea, en la protección de este lugar sagrado.

Porque lo que guarda Jerusalén, y más en concreto esta basílica del Santo Sepulcro, es el misterio insondable, cifrado en el amor de un Dios capaz de la locura de hacerse hombre para salvar a los hombres. Es verdad que conviene dejar de lado, para descubrirlo, todo ese mundo que lo rodea y oscurece. Pero, una vez remontado, el encuentro es definitivo.

Mi experiencia es que hay que volver con calma y dedicar el tiempo que haga falta a reconstruir cada segundo de lo que ocurrió aquí, sobre esta roca del Calvario, en el recinto del huerto de José de Arimatea, que tenía un «sepulcro del todo nuevo» donde depositaron el cuerpo muerto de Cristo después de bajarlo de la cruz con la ayuda del apóstol Juan y de las santas mujeres. Sólo en la meditación de estos misterios se llega a entender la grandeza que encierran. Me uno a lo que escribió Juan Pablo II (*Poesías*, «Peregrinación a los Santos Lugares. 3 Identidades») después de su peregrinación a Tierra Santa:

> Lugares de la Tierra, lugares de Tierra Santa, no sé cómo guardaros aquí dentro, dentro de mí. No sé cómo pisaros, no puedo: arrodillarme quiero ante vosotros. Doblo la rodilla y callo. Algo mío te quedará, tierra, te quedará mi silencio. Y mientras tanto te llevo dentro para ser como tú, lugar de testimonio. Me voy, me marcho como testigo, me voy para atestiguar lo que ha pasado a través de los milenios.

Iad Vashem

Por la tarde vamos al otro extremo de la ciudad nueva. Cruzamos una serie de barrios residenciales, más bien modestos. Contrasta la sencillez de la construcción privada con la importancia de los edificios públicos. Hay verdaderas obras de arte de arquitectura moderna: el museo de los Manuscritos del Mar Muerto, el Parlamento, el nuevo teatro. Los pasamos de largo. Vamos a visitar el monumento erigido en memoria de los judíos muertos en la Segunda Guerra Mundial.

En lo alto de otra de las montañas que rodean la ciudad aparece un edificio rectangular levantado con bloques de piedra típica del país. Cerca está el cementerio. El coche nos deja al pie del monte y lo subimos a pleno sol. Compensa el esfuerzo, sin embargo, por ver este lugar de gran belleza y que tiene tanto valor histórico para este pueblo. Al acercarnos, una periodista —nacida fuera de Israel, pero con alma judía, apasionada, empapada de la realidad de su tierra— me explica que el Iad Vashem representa un punto de oración y de recuerdo que pertenece a la jurisdicción del Gobierno: en concreto, a una institución que se encarga de la memoria de los mártires y los héroes. Este organismo se instituyó por medio de una ley promulgada con el fin de investigar, estudiar y registrar el heroísmo y la masacre de la judeidad europea. No recuerda únicamente a los muertos sino a toda la realidad de una raza exterminada, perseguida y destrozada que, a pesar de todo, sobrevive y, con gesto seguro, desde este monumento es capaz de desafiar al mundo.

Sigue su explicación. Me quedo con la última frase: «Este santuario y la exposición son un centro de peregrinación internacional.»

Entramos en la primera parte del complejo: el santuario. Un judío alemán custodia la puerta. Dentro, la piedra, el hierro, el silencio mortal... Una luz tenue, indirecta, deja ver, sobre el pavimento, grabados en letras doradas, los nombres y las fechas de los campos de concentración europeos. En el centro arde una llama. Alrededor hay coronas de flores. Asomados a la baranda desde la que se divisa el conjunto, hombres y mujeres de cualquier lugar de la Tierra, con el corazón estremecido, se hacen solidarios con un pueblo que ha sufrido demasiado. En el fondo, todos sufrimos por formar parte de una humanidad que, al perder el sentido trascendente de la vida, es capaz de caer en este tipo de brutalidades. Y rezamos, cada uno en su lengua y con su forma de acudir a Dios para que cambie el corazón de los hombres.

Salimos con esa impresión. ¡Qué lástima que sean los mismos judíos quienes la neutralizan a pocos metros de distancia. A dos pasos del memorial han instalado, con todo lujo de detalles, un museo que bien se puede calificar como «Museo del Odio», del empeño por mantener al rojo vivo, de generación en generación, el afán de venganza contra las barbaridades innegables del Gobierno nazi. El montaje es bueno, pero siniestro: varias salas seguidas en las que se exhiben fotografías de lo que pasaron los judíos en los campos de concentración.

¿Por qué este alarde de horror? Es un judío quien me dice que sus hijos no pueden olvidar lo que ocurrió. Por eso tienen este testimonio. ¿Cómo hacerles comprender lo equivocado de su punto de vista, que hace cada vez más insalvable y más profunda la separación entre los pueblos? ¿Cómo ayudarles a entender que al otro lado, muy cerca, en otra colina, murió el Hijo de Dios, que nos dejó la doctrina opuesta al «ojo por ojo» con frases y actos de perdón, y de amor, de generosidad y de grandeza de alma?

Tenía razón quien dijo que dondequiera que haya judíos hay siempre melancolía, porque guardan, en los sótanos del alma, amargura suficiente para anegar el planeta. Y los hechos que leemos día a día en los periódicos nos dicen que no parece fácil ni cercano un cambio de mentalidad. Es inconcebible que un pueblo que ha sufrido tanto mantenga frente a los palestinos una postura tan incomprensible.

Borges, al reflexionar sobre la historia, escribió que «no hay en el mundo entero una ciudad que haya sido tan anhelada como Jerusalén. Sus treinta siglos podrían inspirar un libro mágico, una suerte de larga epopeya mágica, cuyas casi infinitas páginas rescatarían no sólo los hechos históricos que guardan los archivos y que conmemoran su fama, sino lo que sintieron y soñaron, secretamente, las generaciones de cautiverios y las generaciones de la diáspora. Jerusalén es una gran copa donde se han decantado y acumulado los sueños, las vigilias, las oraciones y las lágrimas de quienes no la vieron nunca pero sintieron hambre y sed de ella. Esto no es una fábula. Esto lo he sentido en Jerusalén».

Con ese mismo pensamiento, sigo mi plan de descubrir a quienes sueñan con esta tierra, no sólo lo que supone Jerusalén sino todos sus alrededores y las distintas regiones de esta tierra mágica pero real.

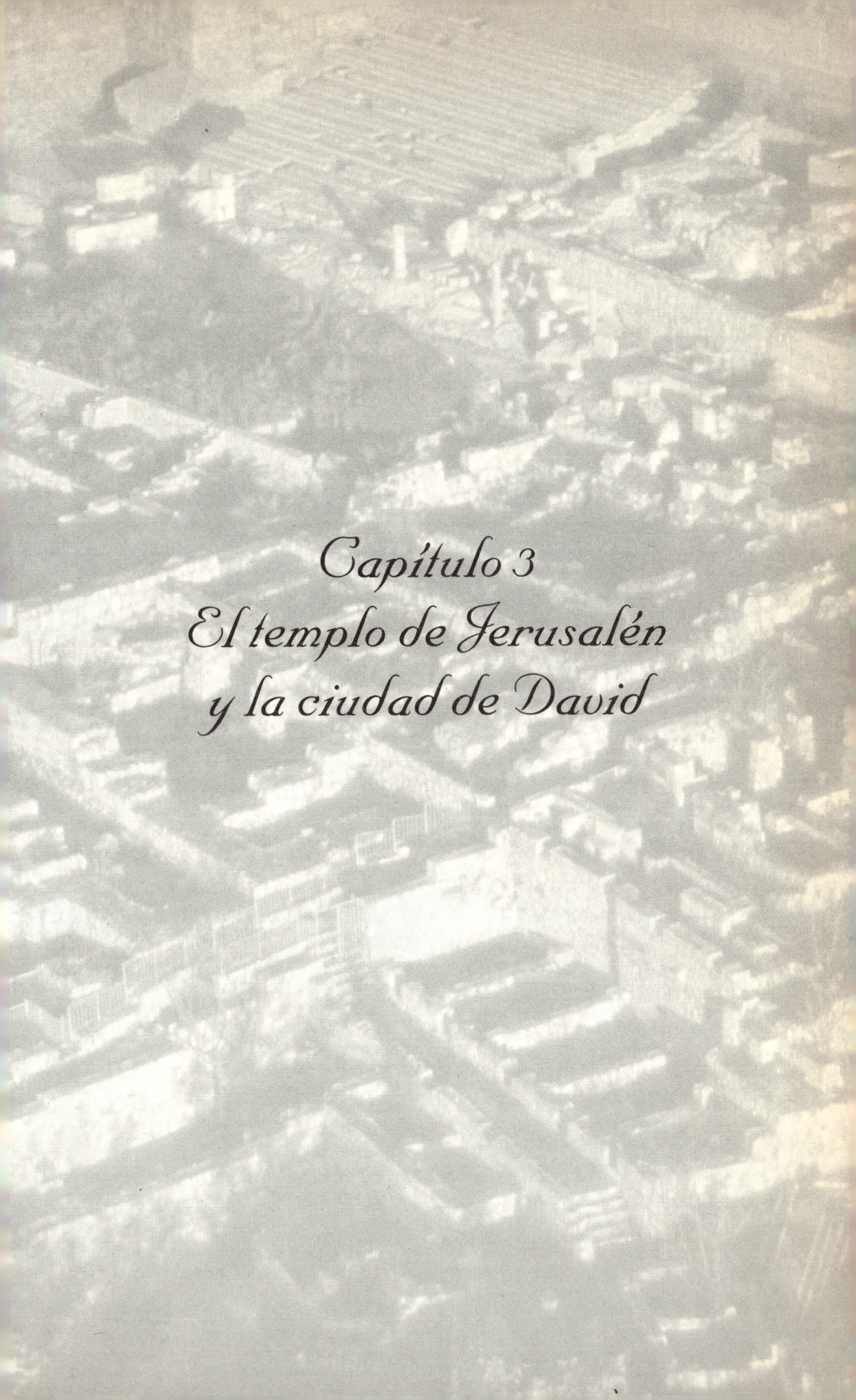

Capítulo 3
El templo de Jerusalén y la ciudad de David

Entonces congregó Salomón en Jerusalén a todos los ancianos de Israel, a todos los jefes de las tribus y a los principales de las casas paternas de los hijos de Israel para hacer subir el arca de la Alianza de Yahvé desde la ciudad de David, que es Sión.

II CRÓNICAS, 5, 2.

A ninguna construcción se le ha prestado tanta atención en la historia arquitectónica del mundo entero como al templo de Jerusalén. Atención que se ha expresado a través de las más diversas formas de culto y peregrinación, de constantes exploraciones, excavaciones e investigaciones.

La historia arqueológica del templo de Jerusalén se divide en dos grandes épocas: la del primer templo, el de Salomón, desde su construcción hasta el exilio babilónico (587 a.C.); y la del segundo, el de Herodes, desde su construcción (20 a.C.) hasta su destrucción por los romanos en el año 70 d.C. Este monumento transformó el centro religioso de Jerusalén en un edificio grandioso que suscitaba la admiración de la humanidad. Lo único que queda hoy de aquel conjunto imponente es el Muro de las Lamentaciones.

Sin embargo, es mucho lo que supone este espacio para dejarlo, sin más, al albur de las circunstancias, políticas y religiosas, tan complicadas, que están llegando a límites insospechados. La historia es tan insólita que lo que fue el recinto sagrado del templo hoy está en manos de los musulmanes y es casi imposible acceder hasta la explanada donde estuvo este lugar sagrado para el pueblo de Israel.

No es fácil superar los controles para acceder al territorio musulmán, en el que están las mezquitas. Hay que tener el máximo empeño para, pasaporte en mano y con una fuerza especial por dentro, subir por el camino estrecho, en rampa y asfaltado, que lleva hacia esta superficie en la que, dos días antes, los eternos rivales protagonizaron un encuentro armado que tuvo que ser disuelto por la policía. Aquí, la edad es el gran valor añadido. Se supone que, a partir de los cuarenta y cinco años, uno no está dispuesto a liarse a pedradas con nadie. Sin embargo, en tiempo de conflicto, que desgraciadamente es casi continuo, se llega a cerrar el paso a los no musulmanes de cualquier edad.

Pese a todos los obstáculos, una vez superada la terrible impresión de rechazo que produce semejante panorama, vale la pena todo el esfuerzo por la sensación indescriptible de lo que allí se percibe. Sobran, hasta cierto punto, las explicaciones. Es la hora de poner en marcha un mínimo de imaginación y de memoria histórica, y tratar de descubrir en medio del silencio y del vacío algo muy especial. Una vez centrados en lo que allí se revive leo una reflexión profunda y sabia que describe perfectamente lo que allí se siente: «Habíamos avisado que el peregrino cuyo itinerario es esencialmente espiritual se convierte en una especie de viajero muy particular: se le invita a visitar un monumento cuya propiedad es la de su inexistencia. Allí donde se levanta una mezquita —termina— está la sombra del templo que nosotros buscamos...»

Nuestro guía nos dirige hacia las mezquitas. Un cartel en hebreo, árabe e inglés advierte que el suelo que pisamos es sagrado y que hay que cumplir las normas de respeto y veneración que exige cada lugar. Consecuencia del aviso, junto a los soldados del registro correspondiente, hay una mesa con trozos de tela para que las señoras se cubran los brazos. Está absolutamente prohibido que las mujeres entren a estos recintos sin mangas o con falda excesivamente corta. En la puerta hay que dejar los zapatos. Nadie protesta. Es más, observo a un señor de los que esperan el registro que aplaude el gesto y comenta que ya va siendo hora de aprender a mantener estas expresiones externas de piedad, cultura y educación, en definitiva, y que los católicos no podemos ser los únicos en claudicar.

La mezquita de Omar o de la Roca está enclavada en el centro de la explanada del templo. Edificada en el siglo VII por orden del califa Omar I, es de una gran belleza arquitectónica. En el centro está la roca que un texto bíblico (II Crónicas, 3, 14) identifica con la montaña del sacrificio de Isaac. Es el tercer lugar sagrado del islam después de La Meca y Medina. A partir de esta roca, la fantástica imaginación oriental cuenta un sinfín de leyendas relacionadas con Mahoma. La más extendida asegura que desde este promontorio la yegua alada del profeta pegó el salto al Paraíso.

Dejamos atrás el monumento de mármoles, turquesas y mosaicos. Al fondo de la explanada, después de bajar una escalera monumental, hay una segunda mezquita: al-Aqsa, levantada donde estuvo el palacio del rey Salomón.

Durante el recorrido, reyes y profetas del Antiguo Testamento se barajan con la mayor naturalidad, como si los cuatro mil años de historia que nos separan de Abraham hubiesen pasado con una cadencia diferente a la nuestra. Elemento valioso a la hora de seguir la andadura terrena de Jesús. Nadie pone en duda su dimensión histórica, que está, bien se puede decir, al alcance de la mano. Tanto que, en algún momento, apenas se menciona su camino en la Tierra. Cuando los guías son judíos, hablan siempre con mucho respeto de su persona, pero sin descender a detalles que un cristiano busca con empeño. Lo que en cualquier caso queda por encima de toda duda es la autenticidad de su vida y, en consecuencia, de todo lo que nos narran los Evangelios.

Seguimos nuestro itinerario hacia el recinto del templo. A la sombra de los árboles, juegan algunos niños. Mujeres vestidas como en los cuentos de *Las mil y una noches* van de un lado a otro. Hombres curtidos por el sol pasean a ritmo lento. No tienen prisa. También aquí hay gente que reza. Como buenos mahometanos lo hacen mirando a La Meca. Hay uno descalzo, totalmente abstraído, que repite una serie de movimientos rituales. Parte de una postura rígida, en pie, y termina en postración total. Observo unos minutos y veo que no es el único. Antes de rezar, hacen sus abluciones rituales en una fuente de mosaico. Adoran a su Dios. Nada les distrae en la calma de este mediodía.

El resto del recinto está solitario y, casi en silencio, recorremos lo que un día fue el templo de Herodes. La historia de este santuario es mucho más antigua. Desde que Salomón construyó el primero hace treinta siglos, este lugar se convirtió en el eje de la vida religiosa, social y política del judaísmo. Durante más de un milenio fue el punto más importante del culto a Yahvé y centro de peregrinación de todo judío practicante.

A lo largo del Antiguo Testamento, el templo fue un símbolo de la presencia de Dios en medio de su pueblo. A su vez, religión y política siempre se mantuvieron unidas: era la mejor prueba del paso del nomadismo a la vida sedentaria. Hasta entonces, el arca de la Alianza, símbolo de la presencia espiritual de Yahvé, como nos relata el libro del Éxodo (26, 1-379), se guardaba en una tienda portátil que se llevaba a través del desierto. Allí se manifestaba la gloria y el poder de Dios, pues era el lugar en el que Moisés recibía sus mandatos hasta que entraron en la Tierra Prometida (a la que él no llegó).

El primer templo dedicado al Dios de Israel fue edificado durante el reinado de Salomón, en el año 950 a.C., con una riqueza extraordinaria y se convierte en la casa de Dios permanente. El arca de la Alianza se guardaba en el Santo de los Santos, una estancia rectangular, recubierta de oro. Allí permaneció durante cuatrocientos años, hasta que el templo fue destruido por Nabucodonosor, rey de Babilonia. El segundo, menos suntuoso, fue reconstruido en el mismo lugar que el anterior cuarenta años más tarde, a la vuelta del exilio de Babilonia, por impulso de los profetas Ageo y Zacarías. Durante cinco siglos fue mejorándose, pero el seléucida Antíoco Epifanes, después de tomar la ciudad, lo saqueó y profanó. Empieza ya entonces el interminable proceso de destrucciones y reconstrucciones sucesivas, hasta que en el año 20 a.C. el rey Herodes decidió levantar de nuevo un templo grandioso. Según el historiador Flavio Josefo, en este trabajo gigantesco se emplearon diez mil hombres. A este tercer templo acudió Jesús en muchas ocasiones. Basta con leer despacio el Evangelio para encontrarnos con esta lección: desde los doce años, Jesús recorre el país una y otra vez para cumplir los preceptos de la Ley, que, entre otras cosas, ordenan acudir a este lugar una vez al año.

De ese templo de Herodes, el que Cristo frecuentó, no

queda una sola piedra. Pero al acercarme a la gran superficie en la que estuvo aquel monumento, me vienen a la memoria un sinfín de relatos de lo que allí ocurrió, un panorama que sella la vocación del pueblo de Israel, perfectamente entroncada en la historia del templo. Es curioso que este lugar, verdadero bastión del monoteísmo, sea el único cuya autenticidad jamás ha sido discutida.

La explanada, cubierta de polvo y tierra reseca, estaba rodeada de pórticos imponentes en torno al «atrio de los gentiles», llamado así porque permitía la entrada a los no judíos. En el centro, de acuerdo con las descripciones literarias más antiguas, se levantaba el templo, sobre un zócalo, con sus dependencias y lugares venerados. En primer lugar, «el santo» con el candelabro de oro, los panes de la proposición y el altar de los perfumes. Separado por un tabique, de cuya puerta colgaba el velo que al morir Cristo se rasgó en dos partes (Mateo 27, 51), estaba el Sancta Sanctorum. En el primer templo se guardaba el arca de la Alianza, símbolo del pacto que Dios hizo en el Sinaí con su pueblo elegido.

Para tratar de localizar los recuerdos evangélicos hay que llegar hasta el punto en el que confluyen el flanco oriental y el meridional de la muralla. Subimos por unas escaleras desniveladas hasta el camino de ronda del muro, cerca ya de las almenas. Estremece el panorama que se contempla desde el ángulo extremo. A un lado, el monte de los Olivos. Al otro, el monte Sión. A nuestros pies, la explanada que encierra en su historia la razón más profunda de la vida de este pueblo: su vocación divina. A uno le invade una sensación intemporal. Un buen libro especializado en arqueología bíblica nos sitúa con bastante garantía de probabilidad en estos lugares en los que, a pesar de estar hoy vacíos, se produce el reencuentro de cada uno con escenas y palabras del pasado que impresionan y conmueven.

La parte oeste era la ocupada por el pórtico de Salomón. En este flanco tuvo lugar el pasaje que se recuerda en uno de los misterios gozosos del Rosario, cuando se dice que «Jesús fue perdido y hallado en el Templo». También la gran galería cubierta, de cuatrocientos codos de largo, que se extendía por el ala oriental del templo fue recorrida por Jesús en distintas ocasiones. San Juan, el escritor que mejor nos sitúa en la realidad humana y divina de Jesús, ha dejado plasmada en su Evangelio una de esas escenas fundamentales: «Se celebraba entonces en Jerusalén la fiesta de la Dedicación. Era invierno y Jesús se paseaba en el templo por el pórtico de Salomón.» Sigue la narración, dejando en frases inspiradas palabras fundamentales para comprender en toda su hondura la misión redentora de Cristo: «Mis ovejas escuchan mi voz; yo las conozco y ellas me siguen. Yo les doy la vida eterna; no perecerán jamás.» Palabras imposibles de comprender con un corazón cerrado o endurecido como el de los hombres que le escuchaban, que se pusieron —lo dice el Evangelio en el versículo siguiente— a coger piedras para apedrearle. Sin embargo, Jesús, fiel a su misión, sigue buscando a los hombres para salvarlos. El mismo san Juan nos cuenta otro episodio ocurrido en este mismo enclave: el de la mujer adúltera. Imagen de comprensión infinita, que llena de esperanza a quien se enfrenta con la escena, reviviéndola «como un personaje más», consejo que siempre daba para leer el Evangelio san Josemaría Escrivá. Buen método para captar todo lo que entrañan tantos milagros, curaciones y diálogos entre Dios y los hombres que le seguían. Continuamos el paseo por la explanada vacía, en nuestro empeño por reconstruir momentos sublimes de la historia de los hombres, cuando Dios la compartió como uno más de los que vivieron en su tiempo.

El Pórtico Real, en la parte sur, estaba compuesto por cuatro columnatas, que formaban tres naves, con una anchura de treinta y dos metros. Es aquí donde los cambistas y traficantes de animales (bueyes, ovejas, palomas...) habían instalado sus puestos. Es fácil de imaginar como uno de esos mercados al aire libre que surgen en cada esquina de las ciudades orientales. Se comprende que aquel ambiente provocara una reacción firme en Jesús, hasta el extremo de echar a latigazos a los que vendían y compraban, para dejarnos una idea fundamental: «Mi casa será llamada casa de oración, ¡pero vosotros estáis haciendo de ella una cueva de bandidos!» (Mateo 21, 13). No caben las medias tintas en la relación de las criaturas con su Creador. Para siempre han quedado bien sentadas las premisas: Dios es lo fundamental en la vida y el primer mandamiento de amarle sobre todas las cosas no se puede enturbiar con intereses bastardos.

Cerca de este lugar, hay otros recuerdos de muy distintas características. La Puerta Dorada, hoy tapiada (dicen los judíos que la abrirán el día que llegue el Mesías), ha sustituido a la Puerta Susa del tiempo de Herodes. Por esta puerta entraban siempre Jesús y sus discípulos cuando volvían de Betania, después de cruzar el monte de los Olivos y el torrente Cedrón. Es, sin duda, el itinerario que siguió Jesús montado en un borrico de la aldea de Betfagé, el Domingo de Ramos, para hacer la entrada triunfal en Jerusalén (Marcos 9). La paz que transmite este lugar contrasta enormemente con lo que de vez en cuando ocurre sobre este suelo santo. Se impone un silencio activo para grabar en el alma todo lo que allí se intuye y se respira. Siguen paseando a nuestro alrededor gentes caracterizadas como para un auto de fe. Parece mentira estar viviendo una escena real…

La ciudad de David: «parque arqueológico» de Jerusalén

A la sombra del templo de Herodes, arqueólogos y estudiosos de la Historia han logrado un conjunto monumental en el que, gracias a la técnica y al ingenio de quienes han preparado este museo, resulta fácil dar el salto atrás de tres mil años. Un vídeo y un viaje virtual por la antigüedad nos preparan para iniciar el recorrido de esta parte de la ciudad, desde que el rey David instalara aquí la capital del reino hasta la destrucción del templo. Al entrar en el recinto, una montaña de piedras enormes, que formaban parte de la muralla primitiva, nos da una idea de la dimensión y solidez de aquella construcción. Agrupadas en el ángulo de entrada, son la mejor imagen de lo que aquel edificio y su aniquilación por el ejército de Tito ha supuesto en la trayectoria del pueblo de Israel. Es la razón por la que se han apilado allí, dando como resultado un golpe de efecto magistral que nos sitúa en el pasado de un pueblo que gira en torno a este colosal monumento y que no se cansa de lamentar su pérdida. La única parte del muro que quedó en pie es otro lugar santo, muy cercano al punto en que se encuentra este museo: *The Willing Wall*, al que los judíos acuden a rezar.

Pero este recorrido de hoy nos lleva hacia unas antiguas calzadas que han sido descubiertas recientemente y que ofrecen, a base de mucho trabajo, una garantía de autenticidad de la presencia histórica de este pueblo, escondida entre ese polvo de siglos que ahora pisan gentes que llegan de los cinco continentes. Un grupo de jóvenes escuchan al guía con una expresión de cierto pasotismo irreverente, el propio de quienes aún no captan las enseñanzas de la Historia. Hay sin embargo una pareja que me llama la atención. Van concentrados en lo que aquello les sugiere. No hablan entre ellos. Leen. Quizás rezan. Dejan correr sus pensamientos mientras pisan el suelo con sus zapatillas de deporte, pero se comportan con una veneración evidente. Me acerco. Les pregunto si son guías. Ella, en efecto, está preparándose en una escuela especial de las muchas que hay en Jerusalén para llegar a serlo. El chico es un amigo canadiense, de origen judío, que viene a Israel para empaparse de sus raíces. Me animan a continuar con ellos y subimos juntos la escalera por la que miles de peregrinos accedían al templo: son enormes tramos de piedra formados por bloques de dimensiones colosales, y hay que dar una buena zancada para subir cada uno de ellos. De trecho en trecho, el suelo se amplía en una pequeña plataforma. La futura guía toma el mando del lugar y nos pasa el libro de los Salmos. Está marcado el 120, que es el que recitaban los peregrinos que llegaban de todos los puntos del país para las distintas fiestas. Nos invita a leerlo, por turno riguroso, hasta el 135, mientras subimos:

Los que confían en Yahvé son como el monte Sión,
que es inconmovible, estable para siempre.
Así Yahvé rodea a su pueblo
desde ahora y por siempre.
Jamás ha de caer el cetro de impiedad sobre la suerte de los justos,
para que los justos no alarguen a la maldad su mano.

Haz bien, Yahvé, a los buenos, a los rectos de corazón.
¡Mas a los que yerran por sus caminos tortuosos,
los suprima Yahvé con los agentes del mal!
¡Paz a Israel!

En los tramos más amplios hacemos una pausa para descansar un poco, que es también un momento propicio para la contemplación y para la reflexión: hacia arriba se divisa la puerta que acogía a los peregrinos que llegaban al templo, y hacia abajo se extienden las ruinas de lo que era la ciudad del rey David. Al llegar al punto más alto, se inicia un camino que desemboca en la entrada del Gran Pórtico del Santuario. «Es el mismo recorrido que Jesús, como buen judío, debía hacer cada vez que venía a cumplir con sus obligaciones rituales. Entonces no había libros y se recitaban de memoria estos mismos salmos que hoy hemos leído. Son profecías cumplidas y superadas con el transcurso de los años, llenas de un sentido profundo», nos comenta con mucho respeto aquella chica joven. «Soy judía de raza y de religión —me dice, al ver mi expresión de asombro por su actitud frente a la figura de Cristo— pero, como otros muchos, desde el tiempo de Jesús, creo que Él es el Mesías. Tanto sus contemporáneos como nosotros tenemos que esconder nuestra fe porque los no creyentes nos rechazan. Sin embargo, para mí y para muchos otros la verdad es incuestionable. Basta con estudiar a fondo el Nuevo Testamento y tratar de ser consecuente. Ahí está toda la verdad: Jesús es el Mesías.»

Al despedirnos con ese *shalom* que significa todo lo bueno que nos podemos desear los hombres, desde la bienvenida a la paz, siento que pese a ese espectáculo de enfrentamiento y de intolerancia entre unos y otros que se da unos metros más abajo, existe una puerta abierta a la esperanza que arranca de una fe común. Hay que explicar el contenido de tantas palabras del Mesías, creyendo lo que nos dijo: «Yo soy el Camino, la Verdad y la Vida.» Si fuésemos coherentes, pronto veríamos el fruto.

Desde nuestro punto sur de la muralla, estamos a pocos metros de la cúpula de la mezquita de al-Aqsa. El acceso a la explanada del templo sigue totalmente prohibido, de forma muy especial los viernes, día santo de los musulmanes. Hay un destacamento de policías en cada esquina. O más aún, en cada paso. La situación es dura, intransigente, incomprensible. Lo malo es que, al escuchar las razonadas sinrazones de cada uno, se llega a una conclusión pesimista, que hay que tratar de superar frente a lo evidente. ¡Qué difícil solución tiene este conflicto, en el que se pelea por la supervivencia de una raza y de un pueblo, y todo ello bajo el símbolo de una creencia! Pese a todo, el hecho de haber estado recitando aquellos salmos junto a dos personas creyentes, jóvenes, con toda la vida por delante, abre —repito— una puerta a la esperanza.

¿Cómo ordenar la cabeza?

Se me ocurre que una buena medida para despejarnos sería un rato de compras por la ciudad árabe de la ciudad vieja, practicando el deporte nacional de todos estos zocos: el regateo, que suele terminar en huida forzosa de un enjambre de vendedores que acaban dispuestos a regalar su producto con tal de colocarlo a un turista. Los niños, con una ingenuidad aparente, resabiada por el hambre en tantos casos, son maestros en el arte de la persecución. Lo tremendo de este juego del tira y afloja en cuestión de dinero es que obliga a regatear para no hacer el primo. Todo se ofrece a un precio muy alto porque se presupone que va a haber una contraoferta, para así acabar con una cifra más justa. En Jerusalén se llega al colmo de regatear a los taxistas, con buen resultado.

Capítulo 4
Nazaret, Caná, Galilea

Así en Caná de Galilea hizo Jesús el primero de sus milagros con el que manifestó su gloria y sus discípulos creyeron en él.

JUAN 2, 11.

Salimos de Jerusalén hacia Nazaret un sábado por la mañana, en pleno descanso del Shabat, que los judíos guardan de forma ejemplar. No se ve un solo coche por las calles, y las pocas personas que hay, hombres la mayoría, caminan despacio, con un libro negro en las manos, señal evidente de que se dirigen hacia la sinagoga más cercana. Una de las sesenta y una leyes de la Torá, que son cumplidas al detalle por los judíos, especifica que en ese día sólo pueden caminar 1.999 pasos. Ni uno más. Ensimismados en su propio mundo, algunos van acompañados por sus hijos mayores de doce años, que es la edad legal para empezar a participar en las ceremonias religiosas. Todos los que vemos llevan cubierta la cabeza, pues tienen el convencimiento de que están siempre en la presencia de Yahvé, y están obligados a mantener este signo externo de respeto. Algunos caminan envueltos en la filacteria, una especie de gran capa blanca con sus bandas negras en los extremos, que tiene como finalidad cubrir sus pecados bajo su manto, de modo que Dios sólo vea lo puro de sus vidas.

Carretera adelante, seguimos en territorio israelí y no nos cruzamos con un solo vehículo. Es la gran ocasión para hacer un trayecto de ciento cuarenta kilómetros, con sitios tan importantes para visitar.

El camino está, como toda esta tierra, cargado de resonancias bíblicas. No se puede bajar la guardia un solo segundo si se pretende conseguir que este proceso de inmersión en Tierra Santa resulte lo más completo y enriquecedor posible.

A uno y otro lado de la autopista me señalan tumbas de reyes o profetas del Antiguo Testamento. Se divisa a lo lejos la del profeta Samuel, por ejemplo, situada en uno de los puntos más altos de Judea, desde el cual se domina toda la región circundante hasta el Mediterráneo. Éste es el lugar al que se retiraba el rey Salomón para rezar y ofrecer sacrificios a Yahvé, antes de construir el templo. Años más tarde, los peregrinos que venían a Tierra Santa por mar, al llegar a este paraje, contemplaban por vez primera la Ciudad Santa. El monte se llama, por esa razón, el monte del Gozo. Un nombre que se repite en nuestra tierra, con el mismo simbolismo: al culminar el camino de Santiago, desde un montículo de las afueras de la ciudad, los peregrinos ven a lo lejos la catedral en la que se venera el cuerpo del apóstol, punto final de su recorrido. La alegría que les produce hace que también sea conocido como monte del Gozo.

Después de muchos kilómetros de recorrido, allá a lo lejos se perfila Nazaret. Hemos cruzado Samaria, región que desde la antigüedad se enfrentó a Judea —hasta el punto de que judíos y samaritanos no se hablaban, como puede verse en el cuarto capítulo del Evangelio de san Juan— y que es imposible visitar desde hace años. Fue uno de los territorios ocupados en 1967 a los que no está permitido el acceso. Nos acercamos con verdadera emoción a Nazaret, origen de la historia de la salvación de los hombres, conscientes de que este pequeño lugar de Galilea, la tierra de Jesús, es la cuna del cristianismo. Fue aquí donde «el Verbo se hizo carne y habitó entre nosotros», como se recuerda en la oración cristiana del *Angelus*. Éste fue su pueblo, éstos fueron los caminos que recorrió, aquí tenía a sus amigos de niño y adolescente. Estamos llegando al punto de la Tierra donde el Hijo de Dios vivió la mayor parte de su vida, en una época en la que Nazaret era un lugar insignificante que sólo entraría en la historia con la llegada de Jesús. Es más, ser galileo era entonces casi objeto de broma. Aquella frase que sale de la boca de Nataneal: «¿Acaso de Nazaret puede salir algo bueno?» (Juan 1, 46), manifiesta el escaso prestigio que tenían los habitantes de esta zona, perdida en un valle, rodeada de montañas, en la que nos sitúa el Nuevo Testamento, para dejarnos constancia del momento de mayor trascendencia para la humanidad: la Encarnación del Verbo de Dios.

Es evidente que el Nazaret del año 2004 no guarda una gran relación sociopolítica con aquella aldea desconocida. Han pasado veinte siglos y la ciudad actual aparece, cuando nos acercamos, desparramada en una colina, cubierta por las típicas casas de arquitectura árabe, abierta a un horizonte amplio y rodeada por la vegetación característica de esta zona. Unos ciento cincuenta y siete kilómetros separan a Nazaret de Jerusalén, treinta y cinco de Jaifa y diecinueve de Tiberíades. Hoy es una de las mayores ciudades de Galilea, de la que es el centro administrativo, y uno de los principales lugares de concentración de árabes de nacionalidad israelí. Tiene en torno a sesenta mil habitantes, incluyendo el barrio alto moderno, de población judía, ubicado en las colinas orientales. La población árabe suma dos tercios del total, mitad cristianos y mitad musulmanes.

Dejamos el coche en la entrada. La cuesta que lleva al centro es empinada. Vemos las construcciones típicas de arcilla y piedra del país. Bajan tipos curiosos montados en burros, adornados con telas de colores. Con cierto aire de espantapájaros, algunos vendedores ambulantes extienden los brazos, llenos de collares de todos los colores, y se acercan a los turistas para ofrecerles sus «tesoros». Las calles, entre sol y sombra, tienen en cada esquina un puesto con refrescos, postales y recuerdos. No sé si los consiguen vender o no, pero sospecho que son un buen pretexto para que, al socaire del tenderete, puedan instalarse unos cuantos hombres con esa actitud indolente de quien espera sin esperar nada.

En pocos minutos —sigue siendo una ciudad pequeña— hemos llegado a una zona inesperada. El ambiente ha cambiado mucho respecto a lo que hemos dejado atrás hace apenas dos horas: es como pasar de la noche al día. Las calles del barrio árabe están en plena ebullición. Para ellos el sábado es el último día de la semana, la gran ocasión para montar sus negocios. Una buena parte de la ciudad está convertida en un zoco de calles estrechas con todas las tiendas posibles, donde los objetos antiguos, casi arcaicos, conviven con los puestos de frutas y verduras, que están mezclados, a su vez, con flores de plástico o aparatos de telefonía de nueva generación. Ropas típicas, en la más genuina tradición del país, en contraste, bastante estridente y poco logrado, con puestos de camisetas y vaqueros. Babuchas y Adidas están al mismo nivel.

Frente al desconcierto de esta mezcla de tiempos y mentalidades, lo más sugestivo y evocador del recorrido por Nazaret es una calle donde hay varias carpinterías con un olor especial de madera cortada impregnando el aire. Algo se me paró en el interior al ser consciente del fenómeno. Pienso que fue el sentido del tiempo que, a la vista de uno y otro taller, me hizo retroceder a los primeros años de nuestra era, para situarme en aquel lugar en el que José, el artesano, elegido por Dios para hacer de padre de Jesús en la Tierra, se ganaba el prestigio de los habitantes del lugar hasta el punto de que éstos se admiraban cuando Jesús —ese joven «desconocido»— hacía milagros, y se preguntaban, llenos de asombro: «¿Pero no es el hijo del artesano?»

Por supuesto, después de veinte siglos, los recintos nada tienen que ver con lo que debió de ser «la carpintería de José». Pero ahí están esos talleres como otra muestra del hilo conductor, ininterrumpido, que se descubre en cada esquina, entre los años terrenos de Jesús y nuestros días. Un tiempo entretejido de tradiciones y testimonios que localizan el sitio exacto, las costumbres y los hechos que unen estos primeros años del tercer milenio con el arranque de nuestra era, para hacernos conscientes de que, por encima del ruido ensordecedor de nuestros días, de la situación sociopolítica o económica, este lugar guarda en sus entrañas las huellas del paso de un Dios que hizo de este rincón del mundo una tierra sagrada. Ésta es la parte del mundo en la que el Hijo de Dios pasó treinta años, viviendo con María y José, como cualquiera de las familias de lo que entonces era una aldea perdida, con las que convivieron, sin darse la más mínima importancia. Era una familia más entre sus contemporáneos. Trabajadores normales y corrientes. Sólo había una nota destacada: su trabajo artesanal era de tal calidad que el buen hacer de su oficio se ha perpetuado hasta nuestros días tecnificados y asépticos, llenando una de las calles de Nazaret con ese aroma tan peculiar e inconfundible de la madera auténtica recién cortada.

Su única salida fuera del pueblo era, para María y José, como la de tantos contemporáneos suyos, para cumplir con la Ley, que les hacía presentarse en el templo. Cuando Jesús cumplió doce años, sus padres, como todos los buenos judíos, llevaron a su hijo con ellos a Jerusalén. Era un trayecto largo, hecho a pie, que duraba tres días, por lo menos, no las dos horas que hemos tardado hoy.

No es difícil reconstruir lo que sucedió. Cuando los peregrinos volvían en caravana desde Jerusalén hacia su casa, descubrieron que el niño no estaba con ellos. Lo buscaron entre los distintos grupos, seguros de que estaría jugando, tan divertido, con otros chicos de su edad, hasta que, llenos de angustia al constatar que había desaparecido, volvieron al punto de partida. ¡Qué elocuente, qué sincera y qué cercana nos resulta la frase con la que María interpela a su hijo!: «¿Por qué has hecho esto? Mira cómo tu padre y yo, angustiados, te buscábamos» (Lucas 2, 48). La Virgen es una madre destrozada que lleva tres días buscando a su hijo y lo descubre, tan tranquilo, explicando las Escrituras en el templo. Y Jesús, con calma, con dulzura, con exigencia, le deja claro que Él está en la Tierra para cumplir una misión eterna. Lo mejor es lo que añade el evangelista, una vez aclaradas las cuestiones fundamentales: «Jesús volvió con sus padres a Nazaret y les estaba sujeto» (Lucas 2, 51). Es la forma de dejar constancia de la perfecta unión de lo divino y lo humano, con la que se lleva a cabo la historia de la redención. Jesús hijo de Dios y de María, era un niño más de los muchos que vivían en ese pequeño pueblo de Galilea.

EL LUGAR DE LA ANUNCIACIÓN

Éste es, sin ninguna duda, el objetivo fundamental de nuestro itinerario y casi diría que uno de los puntos centrales de todo viaje a Tierra Santa. Cuesta atravesar la pequeña ciudad, aunque la basílica de la Anunciación, situada a la entrada sur de Nazaret, destaca entre el resto de los edificios. Allí desemboca todo el que se acerca, no tanto a un templo moderno edificado en los años sesenta, sino a la roca sobre la que está levantada la iglesia y que bien se puede afirmar que es la piedra angular que sostiene el inmenso edificio de la cristiandad: el escenario donde tuvo lugar la Encarnación del Hijo de Dios.

San Lucas inicia así el relato del momento que marca un antes y un después en la historia de los hombres: «Fue enviado el ángel Gabriel de parte de Dios a una ciudad de Galilea llamada Nazaret, a una virgen desposada con un varón de nombre José, de la casa de David. El nombre de la Virgen era María» (Lucas 1, 26).

Es la primera vez que este nombre aparece en los Libros. Ni el Antiguo Testamento ni la historia hablan de esta aldea en la que nunca ocurrió nada destacable hasta la llegada del ángel. Después, siempre en torno a Jesús, el nombre de Nazaret es citado dieciocho veces en el Evangelio, algunas para declarar la escasa importancia del lugar.

El sitio elegido por Dios para tomar carne humana, el que iba a ser su pueblo a lo largo de treinta años, sigue siendo, si lo comparamos con cualquier capital del mundo moderno, una ciudad poco importante, pese a que ya ha adquirido otra categoría. A lo largo de los siglos, Nazaret continúa dando a los hombres una lección de humildad.

Muy cerca de la iglesia de la Anunciación se encuentra el sitio tradicional de la casa de la Sagrada Familia, que se ha levantado sobre las ruinas de una iglesia bizantina y otra del tiempo de las cruzadas.

La basílica de la Anunciación, que domina el conjunto, es una edificación de grandes dimensiones, quizás discutible desde el punto de vista artístico: moderna, fría de líneas, pero levantada con fe y con cariño para venerar un lugar que no puede pasar inadvertido a los hombres. Consta de dos plantas: la superior posee un gran altar central y muchas capillas laterales con imágenes de la Virgen, que aparece identificada con rasgos de las razas más variadas, símbolo de la universalidad del hecho que allí se venera; en la inferior, todo está envuelto en una penumbra mística, en torno a la gruta sagrada de la Anunciación. En el ábside central, concebido a modo de cripta, donde altares y columnas son elementos arquitectónicos de otras épocas, hay una serie de capillas llenas de simbolismos y recuerdos: una está dedicada a san Gabriel y otra a san Joaquín y santa Ana, padres de la Virgen. También hay allí un baptisterio, donde traen a bautizar a los niños de la región.

Una balaustrada de hierro aísla al turista del punto central de la iglesia: una cripta sin excesivas pretensiones, sin nada llamativo en su interior, pero que es, sin duda alguna, repito, el centro de la Historia. En un sencillo altar de mármol, colocado en una gruta natural de roca viva, se leen cinco palabras escritas en oro que llevan a un creyente a rendirse en adoración y agradecimiento por lo que supone la proclamación de esa verdad: *Verbum caro hic factum est*. «Aquí el Verbo se hizo carne.» Al fondo, una escalera labrada en la roca conduce a lo que debió de ser en su momento la casa de María, donde ella estaba cuando tuvo lugar la Anunciación del ángel.

Le pedimos al padre Juan que nos deje bajar a la gruta. Son las doce del mediodía. Al rezar el *Angelus* suenan en el alma, con las de Nazaret, las campanas de todos los campanarios de la Tierra. Y es fácil caer de rodillas, adorar ese lugar y besar el sitio donde se inició la salvación de la humanidad y de cada uno de los hombres. ¡Cómo se agradece el silencio para meditar la conversación entre María y el arcángel Gabriel que termina con el «hágase en mí según tu palabra»! (Lucas 1, 38). Y con esa misma palabra empieza la Redención, porque el Verbo se hizo carne en las entrañas de la Virgen.

Sobran las palabras y las explicaciones, por más que al salir nos den una serie de datos relevantes que sirven para encuadrar, en los esquemas que entendemos los hombres, este misterio grandioso que tiene como protagonista al Espíritu Santo.

La gruta forma parte de un conjunto de varias oquedades de un antiguo poblado que, como el resto, eran las viviendas de los naturales de esta zona desde la Edad del Hierro hasta el período romano.

Arqueólogos e investigadores han dedicado muchas horas de trabajo para conseguir todas las garantías que atestigüen con la máxima certeza la autenticidad de este lugar. Empeño admirable por aportar datos nuevos a la vida de un Dios entre los hombres, que empieza con este hecho milagroso. Está comprobado que fue en esta cueva donde estaba la Virgen cuando recibió la embajada del ángel y en la que, gracias a su respuesta libre, se llevaron a cabo los planes eternos de Dios, empeñado en salvar a los hombres.

Muy cerca, saliendo de la iglesia de la Anunciación, vemos a unos obreros picando piedra en otra zona de excavaciones. Subidos a un andamio, quitan revestimientos de paredes en busca de huellas preciosas. Nos dejan dar una vuelta por la cripta hasta que encontramos un altar dedicado a san José. Es la iglesia de la Sagrada Familia, otro lugar único que da mucho que pensar sobre la vida santa, sencilla, hecha de trabajo y de cosas pequeñas, sin ninguna importancia en apariencia, de Jesús, María y José, que con esa existencia tan normal están llevando a cabo una tarea ingente: la redención de la humanidad. Esta casa de san José, luego de la Sagrada Familia, donde pasó Jesús tantos años de su vida terrena, se convirtió en lugar de culto desde los primeros siglos del cristianismo. La comunidad judeocristiana primitiva acudía allí para rezar y en el período bizantino se construyó un templo que se llamó «iglesia de la Nutrición». El invariable proceso de construcción y destrucción en esta zona ha llevado a los expertos a descubrir restos del tiempo de Jesús en los que ya existían elementos referidos al rito del bautismo judío. Entre tantas ruinas de enorme valor histórico y documental se guardan también, en los alrededores, varios recuerdos simbólicos y encantadores. Una pequeña iglesia griega ortodoxa, dedicada a san Gabriel, está localizada como «la fuente de la Virgen». Como es lógico, nadie pone en duda que hace veinte siglos María debió de acudir allí, como el resto del vecindario, a por agua para los suyos. Es natural que un pueblo en el que la tradición de padres a hijos tiene una fuerza extraordinaria mantenga la veneración de un punto de encuentro popular, al que en muchas ocasiones llegaría con su hijo la madre de Dios. Nunca olvidaré la expresión de asombro de uno de mis guías cuando le pregunté si en efecto estaban seguros de la autenticidad de aquel sitio. Su respuesta me despejó para siempre la cuestión de la garantía de un dato recibido por vía de la tradición: «A mí me lo explicó mi padre. A mi padre su padre. Al padre de mi padre se lo dijo su padre...» Después de un rato de repetición del argumento, la conclusión cae por su propio peso: ¿por qué alguno nos iba a engañar?

A la entrada de Nazaret, poco antes de llegar, hay una montaña que llaman la Montaña Sagrada.

Desde lo más alto de ese lugar, me explican, los paisanos de Jesús quisieron lanzarle al precipicio, de acuerdo con lo que nos cuenta san Lucas (4, 18-22).

El Evangelio nos dice que aquel niño que vivió en Nazaret como un buen hijo de familia, que «crecía en edad, sabiduría y gracia delante de Dios y de los hombres» (Lucas 2, 52), salió, pasados los años, a recorrer Palestina, para cumplir la misión de su venida al mundo. Es la razón por la que dejó su pueblo y se dedicó a predicar. Por eso hacía milagros y por todo ello le seguían las multitudes de tal forma que su fama se extendía a las comarcas vecinas. Un día «llegó a Nazaret, donde se había criado, y, según su costumbre, entró en la sinagoga el sábado y se levantó para leer». Cuando llegó le dieron un libro de Isaías que abrió al azar, y ese azar, providencial sin duda, le llevó a un pasaje revelador: «El Espíritu del Señor está sobre mí, por lo cual me ha ungido para evangelizar a los pobres...» Aquellas palabras de Isaías eran la mejor descripción de la misión del Hijo de Dios: la redención del pecado, la liberación de la esclavitud del demonio y de la muerte eterna. Es fácil de imaginar la profunda serenidad de Jesús en medio de la asamblea. Después de leer las palabras proféticas del Antiguo Testamento, enrolla el libro, se lo da al ministro y se sienta. Hay un silencio especial. «Todos en la sinagoga tenían fijos en él los ojos» y, con santa paz, sin inmutarse, les declara: «Hoy se ha cumplido esta Escritura que acabáis de oír.» Se desconciertan sus amigos, sus gentes, los clientes de José: «¿No es éste su hijo, el hijo del artesano?» Y le piden, para convencerse, que haga un milagro de los que les han llegado noticias que hace en otros sitios. «Cuanto hemos oído que has hecho en Cafarnaún hazlo también aquí en tu patria» (Lucas 4, 14-23).

Jesús, como Dios, leía lo que ocurría en el fondo de sus corazones y tuvo que enfrentarse con la desconfianza, con la resistencia de sus paisanos a escuchar palabras sobrenaturales, con el rechazo a la verdad que entonces, como hoy, lleva a actuaciones disparatadas. Por eso, con inmensa pena sin duda, dice que «ningún profeta es bien recibido en su patria» (Lucas 4, 24). Le duele la actitud de sus conciudadanos, pero no le sorprende. La historia se repite. Los que en un principio le escucharon asombrados no soportan que no les haga demostraciones espectaculares. Posturas demasiado a ras de tierra que Jesús no puede admitir, aunque le cueste el repudio de los suyos, duro de aceptar, precisamente porque venía de los más cercanos, que «al oír estas cosas se llenaron de ira, se levantaron, le echaron fuera de la ciudad y lo llevaron hasta la cima del monte, sobre el que estaba edificada su ciudad, para despeñarle». Eterna fórmula ésta de cerrar los ojos a una realidad que nos supera diciendo que no existe o tratando de quitárnosla de en medio... «Pero él, pasando por medio de ellos, seguía su camino» (Lucas 4, 28-30). No había llegado su hora y nadie tenía poder sobre él.

LAS BODAS DE CANÁ

Al salir de Nazaret, a una distancia de catorce kilómetros hacia el norte, se encuentra otro pueblo pequeño, situado en un valle, en la ladera del monte. Se trata de la aldea de Kefr Kanna, donde Cristo hizo su primer milagro. Es un lugar pequeño, con calles de tierra. Tiene una población de cinco mil habitantes: musulmanes y cristianos de las distintas confesiones.

En el centro, entre casas muy blancas, destaca una iglesia de franciscanos con dos campanarios. Está construida sobre un santuario antiguo en el que se conserva un mosaico con una inscripción en arameo del siglo IV que explica que aquel edificio se construyó sobre una antigua sinagoga. Queda como recuerdo un ánfora con siglos de historia que lleva a recordar el milagro que tuvo este entorno como escenario. Muy cerca se levanta otra iglesia ortodoxa griega. En una y otra nos enseñan varias tinajas que, por supuesto, no son las auténticas, pero que reproducen aquel milagro que san Juan cuenta con el máximo detalle en el cuarto capítulo de su Evangelio: una escena preciosa que transmite una tremenda carga de humanidad. Se celebraban unas bodas y Jesús estaba invitado con sus discípulos. Allí se encontró con su Madre, vecina y pariente de los novios, que también había sido invitada a la boda. En un rasgo, propio de una mujer excepcional que está pendiente de lo que ocurre a su alrededor, la Virgen se da cuenta de que empieza a faltar el vino. Pensó, sin duda, en el bochorno que iba a causar aquel fallo a una familia de un lugar tan pequeño. Se les iba a estropear la fiesta y puso los medios a su alcance para que no ocurriera. Ella sabe muy bien quién es su Hijo. Está allí. Es Dios y puede remediar el asunto. Sin grandes discursos, sin argumentos complicados, con la confianza más absoluta, le expone en tono de súplica lo que ocurre: «No tienen vino» (Juan 2, 1-11). Es también Juan quien transcribe la conversación entre Madre e Hijo: entre María, la omnipotencia suplicante, y Dios, que creó el mundo de la nada. El relato nos dice que «por orden de Jesús, los criados llenaron de agua aquellas vasijas, y Jesús, porque se lo había pedido su madre, las convirtió en vino del mejor». En este pasaje hay recogidos detalles importantes que han quedado para siempre a nuestro alcance: la fuerza de la intercesión de la Virgen, que adelanta el momento del primer milagro («aún no ha llegado mi hora», le dice su Hijo); y junto a ello, la solicitud maternal de quien consigue ese milagro para algo que puede parecer superfluo, pero un corazón sensible, como el suyo, intuye lo que ese detalle puede suponer para los protagonistas de la boda.

Además de las excavaciones que se visitan y en las que siguen trabajando para encontrar el lugar exacto de aquella celebración, hay un mercadillo repleto de recuerdos relacionados con el milagro. Se venden botellas con la etiqueta de «vino de Caná». En principio, uno se resiste a convertir en folklore algo de esta categoría, pero comprendemos que puede hacer ilusión llevarse un recuerdo de un lugar tan especial. La única pena es que esas botellas no contienen, ni mucho menos, el mejor de los vinos, tal y como debió de ser el que tomaron en aquella ocasión.

En Caná queda aún por ver otro edificio: una iglesia en honor a Natanael, el apóstol nacido en esta misma aldea que mereció uno de los mejores elogios de Jesús: «He aquí un israelita en quien no hay doblez» (Juan 1, 47). La iglesia, de un solo bloque, tiene relación estética con esa solidez de su protagonista. No se me va de la cabeza el comentario de un periodista, corresponsal de un diario alemán que lleva mucho tiempo en Israel. Hablando de la forma de ser, tan peculiar, de estas gentes, me dijo que para él ese elogio a Natanael encierra la mejor definición de lo que es un buen israelita: lineal, directo, sin dos caras. Por algo a los nacidos en esta tierra les llaman *sabras*, que significa «higo chumbo»: un fruto espinoso por fuera pero dulce por dentro.

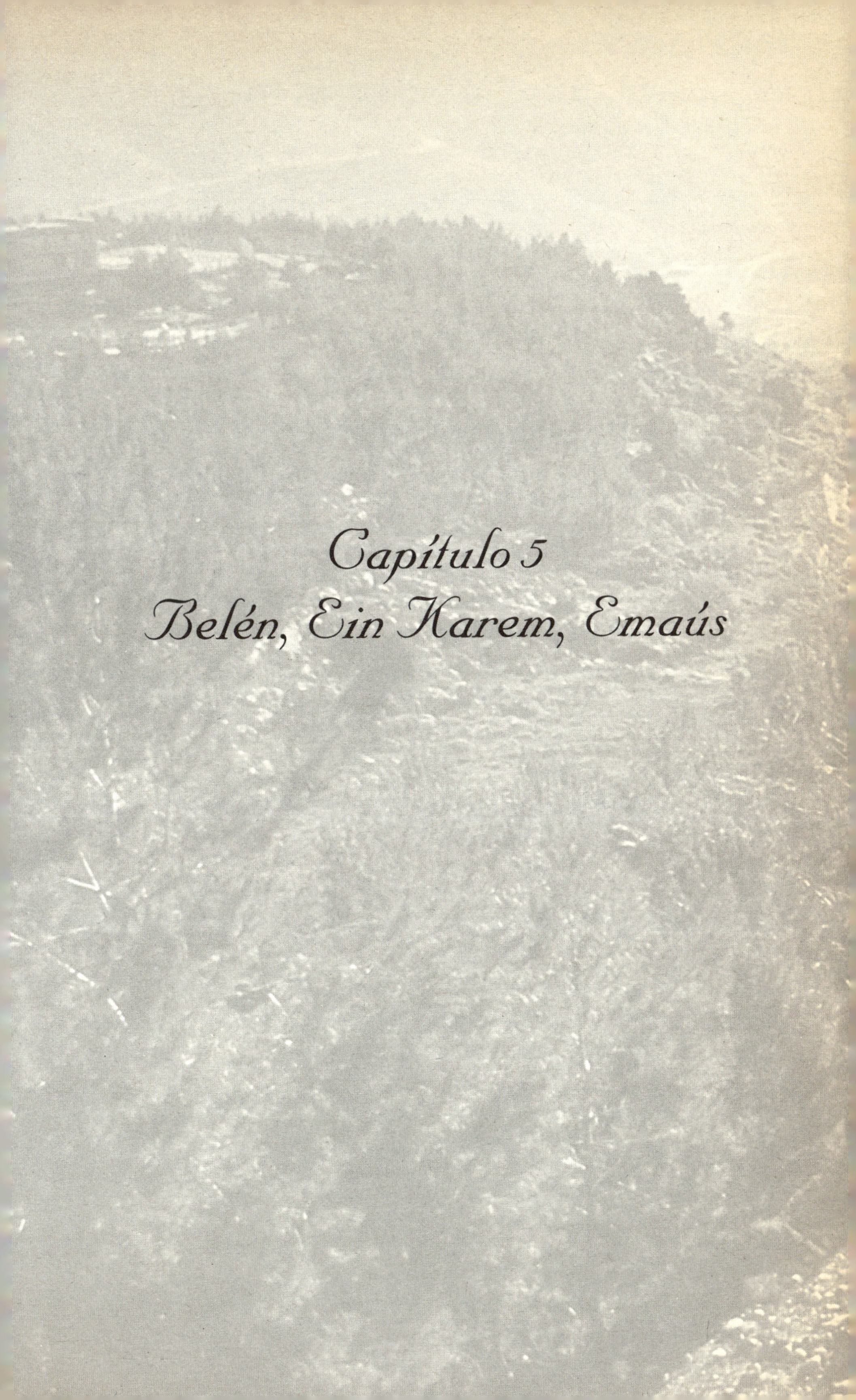

Capítulo 5
Belén, Ein Karem, Emaús

He aquí que la Virgen concebirá y dará a luz un hijo a quien llamarán Emmanuel, que significa Dios-con-nosotros.

MATEO 1, 22.

EL ENCANTO DE UNOS NOMBRES QUE LLENAN LA HISTORIA

El sol de primavera nace con fuerza en Oriente Medio y llena de belleza el panorama. Hay cierta neblina que difumina, al fondo, las montañas de Judea. Estamos muy cerca del mar Muerto, que en días claros se puede llegar a ver desde la zona alta de Jerusalén. A lo lejos, en la línea del horizonte, se perfila la frontera con Jordania.

Vamos a recorrer los primeros pasos del andar terreno de Jesús. Nos dirigimos a Belén, a once kilómetros de Jerusalén. Tengo unos guías muy especiales: un matrimonio de arqueólogos; él es un árabe nacido en Belén y está casado con una italiana, Luisa. Los dos están enamorados de los Lugares Santos, de su trabajo, al que se entregan desde hace muchos años con verdadero entusiasmo, convencidos de que tienen una misión concreta en su vida que llena de sentido lo que hacen: dar a conocer la verdad sobre la tierra de Jesús, partiendo de datos rigurosos, es decir, con una base científica.

Son expertos en Sagrada Escritura. Muy cultos. Hablan cinco idiomas, han estudiado Teología en Italia y han seguido unos cursos especiales en L´École Biblique de Jerusalén, donde se han empapado de lo que supone este enclave de la tierra donde Jesús de Nazaret, Dios hecho hombre, vivió y murió, hace poco más de dos mil años. Esta gente, espectadores de excepción, han convertido en vida propia el pasado y el presente de este lugar, tan único que acaba pareciendo mágico.

Para ayudarme a cumplir mi objetivo de recorrer Tierra Santa han preparado un plan de trabajo y de viajes marcado tanto por el calendario de la Semana Santa como por las costumbres y tradiciones del pueblo judío, a lo que hay que sumar la delicada situación del país.

Entre semana, me explican, hay mucho tráfico en carretera. Es mejor quedarse en Jerusalén y sus alrededores. Como el Shabat empieza el viernes al caer el sol y termina el sábado al atardecer, vamos a reservarnos ese tiempo para ir al norte del país. Los judíos, tanto los ortodoxos como los no practicantes, siguen al pie de la letra este precepto de la Ley. Se acerca, además, la Pascua judía, que empieza en la noche del Martes al Miércoles Santo, que coincide con el día 14 de la luna de nisán. Las carreteras y las ciudades estarán desiertas y podremos hacer muchos kilómetros a lo largo del país, que actualmente goza de muy buenas autopistas. Esos mismos caminos que recorrió tantas veces Jesús con sus discípulos, tal y como recogen los evangelistas cuando nos cuentan que «bajaba de Jerusalén a Jericó» o que «iba de Nazaret a Cafarnaún». En otras muchas ocasiones cruzaba desde Galilea a Judea, atravesando Samaria.

Además del límite de velocidad que impone el Estado de Israel, hay algo que invita a recorrer despacio cada una de estas etapas. Nada de lo que nos rodea en esta tierra se puede pasar a la ligera. Mis guías se encargan de recordarme, una y otra vez, escenas que parecen arrancadas de las páginas de

Mateo, de Lucas, de Marcos o de Juan: «Mira esos rebaños de ovejas que recorren el campo semidesierto con un beduino al frente.» Y esta visión me lleva al pasaje del Evangelio en el que se cuenta cómo el pastor que tiene cien ovejas pierde una, deja a las otras noventa y nueve en el aprisco y se va a buscar a la que le faltaba.

Se impone, cada pocos kilómetros, bajar del coche para hacer una foto. La que podía haber sido genial sale borrosa porque me asalta todo un rebaño que sigue a su pastor, celoso de su oficio, que nos traslada sin el mínimo esfuerzo al siglo I.

De pronto mi guía recoge algo del suelo y me lo enseña con entusiasmo. No tengo ni idea de lo que es aquella especie de vaina grande y aplastada, hasta que me explica que se trata de la semilla de las algarrobas, el alimento de los cerdos que comía el hijo pródigo de la parábola, aquel que se fue de casa de su padre y despilfarró la herencia a base de juergas. Un poco más adelante, puedo apreciar cómo son los granos de mostaza que aparecen en el Evangelio comparados con el reino de los cielos. En otro lugar están esos viñedos que dieron pie a Jesús para hablarnos de los sarmientos, que sólo dan fruto si están unidos a la cepa. La naturaleza guarda, en sus ciclos naturales, el secreto de muchas enseñanzas. El Creador de cielo y tierra puso los pies en el suelo para explicar, con palabras al alcance de cualquier persona, una doctrina sencilla y profunda, siempre actual.

HACIA BELÉN

La parte moderna de Jerusalén ha crecido notablemente en los últimos años, de modo especial en torno al año 2000, para celebrar el Jubileo del aniversario del nacimiento de Cristo. Se construyeron hoteles y albergues de todas las categorías y nacionalidades, y se realizaron trabajos especiales en los Lugares Santos para que todos los que soñaban con ese viaje tuviesen un buen recuerdo de su peregrinación.

La Intifada echó por tierra sueños y proyectos. Es muy difícil entender en toda su magnitud, hasta que se comprueba sobre el terreno, que algo muy complicado y sombrío está ocurriendo aquí. Intifada quiere decir que «sacuden una alfombra hasta que quitan todo el polvo». Eso es lo que se pretende hacer con todo un pueblo, me explican, sacudirlos hasta que se dispersen después de quitarlos de su lado a golpes repetidos sin compasión. Con crudeza pero sin rencor, aunque resignados y dolidos, porque ahí están los hechos, mis guías me describen así lo que están viviendo.

Nos dirigimos a Belén. Cuando se toma la carretera hacia el sur, si el día está despejado se divisa a lo lejos una pequeña colina con construcciones árabes en su entorno. «No podemos ir directamente hasta esa ciudad tan emblemática, porque es uno de los territorios ocupados en la guerra del 67», me explica Myriam (es el nombre que Louise adoptó al venir a vivir a Jerusalén). Para llegar hasta allí hay que atravesar el *check point*, una frontera absolutamente artificial que cierra a los árabes la posibilidad de salir de los lugares en los que los judíos han hecho sus asentamientos. Para entrar, según lo que haya ocurrido en aquellos días, cualquier documento, pasaporte o carnet de identidad resulta inútil. Hay que hacer cola y, dependiendo de la situación de ese día, se puede entrar o hay que darse media vuelta y renunciar a cruzar el paso.

Esta pareja, pese a ser uno de ellos oriundo de Belén, ha tenido que dejar su casa de toda la vida y se ha instalado en un pequeño apartamento de las afueras de Jerusalén, para cumplir su deseo de ser guías de peregrinos. Conocen el terreno y tienen todos los datos de lo que ocurrió en esta tierra desde el tiempo de Abraham y los profetas. Además, son conscientes de lo que supone el clima de tensión político al que están sometidos.

«Llegaremos de cualquier forma», me dicen, sin perder la paz ni un momento. Una salida hacia Belén arranca del monte de los Olivos. Hay sólo diez kilómetros desde Jerusalén, que transcurren por una carretera estrecha. Curvas y tierra seca. Poca vegetación: se entremezclan algunas higueras y pocos olivos. Una larga serie de recuerdos bíblicos, unidos a los relatos de los apócrifos, jalonan el camino: «Pozo de los Magos», «Reposo de la Virgen». Se han hecho excavaciones y se han encontrado restos de una iglesia bizantina de planta octogonal parcialmente cubierta de vegetación, con alguna inscripción que dice: «Lugar donde la Virgen se detuvo para descansar». Hay ciento setenta kilómetros desde Nazaret, y María estaba en su noveno mes de embarazo.

Mi guía, madre de cuatro hijos, revive la situación casi en primera persona al decir cómo se sentía María y explicando el porqué de aquella parada: «José. Lo que llevo en mi seno me hace estar cansada. Vamos a descansar un poco.» En los mosaicos que aparecieron dice en griego: «Madre de Dios.» Al fondo, sobre unos montes, la fortaleza donde Herodes el Grande edificó su palacio, uno de los cinco que llegó a construir.

El siguiente monumento histórico cierto se encuentra a cinco kilómetros. Es la tumba de Raquel, la mujer preferida de Jacob, que murió al dar a luz a uno de sus hijos: Benjamín. Prehistoria del Misterio de Belén, a la que su marido dedicó un monolito que aún existe. Un soldado armado custodia la entrada: es asombroso pero, lejos de atemorizar, resulta en muy poco tiempo una imagen familiar.

De pronto, al doblar una curva, se ve un pueblo situado en una colina no muy alta. A sus pies, la llanura fértil que, de acuerdo con la Biblia, espigó un día Ruth en los campos de Booz. Cada imagen reproduce recuerdos envueltos en la nebulosa de aquellas clases de Historia Sagrada que quedaban en nuestra imaginación de niños, sobrevolando en un entorno irreal. La impresión de pisar esa tierra, de hacer vida aquellas lecciones, es imponente; no es fácil de describir con palabras, porque se dibuja en nuestro interior una zona donde el misterio pasa a hacerse realidad tangible. Y en ese continuo zarandeo entre la memoria de algo que aprendimos como si se tratase de un cuento precioso y lo que se nos presenta como algo absolutamente real, hay una continua interferencia que lleva a rendirse de forma definitiva.

Allá, al fondo, por encima de muros y de combates, aparece un pueblo con casas pequeñas, cuadradas, típica construcción árabe, de una ciudad de cincuenta mil habitantes, rematada por dos torres: la iglesia de la Natividad y una mezquita. La cruz y la media luna, como en muchos otros centros de peregrinación en Tierra Santa, presiden el pueblo. El tono, pardo, se vuelve casi blanco por la claridad del sol de mediodía.

Sólo conseguimos entrar en Belén gracias a la nacionalidad y a la pericia de estos guías. Ni con mi pasaporte ni con el suyo tenían la certeza de poder pasar a Belén con cierta tranquilidad y sin estar media mañana en el *check point*. Para evitar incidentes o retrasos, idearon el plan más seguro: dejamos el coche en la frontera, en la parte israelí, en una escuela internacional en la que estudiaron sus hijos; y un taxi local nos esperaba para movernos por la ciudad.

A la izquierda, poco antes de entrar en Belén, observo una pared de cemento gris que rompe la armonía del paisaje bíblico de higueras, olivos, dátiles y viñedos. Ellos tratan de distraerme porque no soportan la realidad, pero allí está; entre los terrenos cultivados, emerge algo imposible de explicar en el siglo XXI: una muralla de ocho metros de altura, que está en construcción y amenaza con encerrar a una gran parte de la población árabe de Palestina. «La situación empeora día a día», me dicen con mucha pena. Todos hablan de paz, pero a medida que pasa el tiempo esa paz parece un imposible. Cuando el papa Juan Pablo II vino a Tierra Santa, al intuir lo que estaba a punto de ocurrir, repitió: «Construid puentes, no muros.»

Belén es una ciudad radiante de luz, edificada sobre dos colinas que miran al desierto. «Vamos a trasladarnos a dos mil años atrás», nos dice la guía. Y, reviviendo lo que tuvo lugar en este punto, nos cuenta que José, un hombre de la estirpe de David, tenía que ir a empadronarse al lugar de donde provenía. Contaba aquí con algunas personas de su familia. Las casas de aquella época tenían una sola estancia para todos y encima un cuarto para huéspedes. Estaba llena. «¿Qué podemos hacer?», se dijeron María y José, y se fueron al establo de los animales. Los árabes, muy hospitalarios, no aceptan la versión que dice que «no hubo lugar para ellos». Verdad, quizás, pero que encierra de forma simbólica esa otra realidad que san Juan deja claro en su Evangelio: «Vino a los suyos y los suyos no le recibieron» (Juan, 1). Era el Hijo de Dios, el Creador del universo, y su Padre permitió que naciera en un pobre portal.

Belén de Judá, cuna del rey David y lugar de las profecías, es la ciudad de Israel con mayor número de católicos. Está en la zona de la orilla del Jordán ganada para Israel en la guerra de los Seis Días. Su población, árabes palestinos, ha sufrido durante años miseria, muertes y amenazas. ¡Ha llegado la hora de encontrar una solución! ¡Quieren vivir en paz y con libertad en su tierra! La situación es intolerable, entre la guerra y la paz, con un clima de tensión atroz.

Antes de ir a la iglesia de la Natividad, mis guías me presentan a un amigo suyo, hombre influyente en esta ciudad, de raza árabe. Es profesor de la universidad, un hombre culto, amable, muy involucrado con su tierra. Tiene necesidad de hablar de lo que le preocupa, la situación política, y enseguida me dice lo que todos tienen en el alma: «Deseo sinceramente que disfrute en su visita a Belén y que la visita a la iglesia de la Natividad, donde nació Nuestro Señor Jesús, sea para todos una gran ayuda espiritual. Y que el mensaje eterno de Belén: "Paz en la tierra a los hombres de buena voluntad", nos guíe en el camino del entendimiento y de la comprensión de nuestra gente.»

«Nuestro principal objetivo es llegar a un acuerdo de convivencia con los judíos», repiten unos y otros. «Que podamos tratarnos como seres humanos, como buenos vecinos. No aspiramos a recuperar más o menos territorios, sino a salvaguardar la fe y la libertad. Nuestro ideal es "paz con honor". Si lo conseguimos, el beneficio será para todos. "¡Queremos paz!", decimos los árabes.»

Con este mensaje muy claro en la cabeza, y su misma aspiración, llegamos a la iglesia, que está a dos pasos del ayuntamiento, punto central de la ciudad antigua. En la puerta principal que conduce a la gruta hay dos arcos marcados en

Una calle de Jerusalén, en cuyos muros están grabadas dos palabras que estremecen: «Vía Dolorosa». Arranca de la Puerta de San Esteban, frente al monte de los Olivos, y lleva hasta el Calvario. Es el itinerario que siguió Jesús en la noche del Jueves Santo.

Entre la valla de protección y el fondo de la muralla de la ciudad antigua de Jerusalén, una guapa policía israelí con el móvil y la metralleta. Aire de paz y de normalidad en momentos de alta tensión.

Otra estampa que se repite en Jerusalén: un judío ortodoxo vestido de negro riguroso, con los tirabuzones enmarcando el sombrero hongo, concentrado en la lectura de un libro, mientras camina despacio.

La figura del ciego es muy frecuente en los relatos de los Evangelios. Como salido de una de sus páginas, veinte siglos después, este hombre recorre una de las calles empedradas del barrio árabe de la ciudad de Jerusalén.

El Muro de las Lamentaciones, único resto del templo de Herodes. Aquí acuden los judíos a dejar sus peticiones de ayuda, con gran fe, al Mesías que esperan. Fieles a las tradiciones de la Biblia, hombres y mujeres tienen dos lugares separados donde rezar.

Vista de las excavaciones realizadas a la sombra del templo de Herodes, donde el rey David instaló, hace tres mil años, la capital del reino de Israel. Arqueólogos e historiadores han logrado reconstruir en parte aquel conjunto monumental.

Una de las tantas carpinterías de Nazaret. Nada tiene que ver con el taller de José, el artesano, el esposo de la Virgen, pero emociona la fuerza de la tradición, hecha vida en este rincón de la tierra de Jesús.

Cripta de la basílica de la Anunciación en Nazaret. En esta gruta tuvo lugar el hecho que marca un antes y un después en la historia de la humanidad: la Encarnación del Hijo de Dios. *Verbum caro hic factum est*, podemos leer.

La basílica de la Anunciación, situada a la entrada sur de Nazaret, destaca entre los restantes edificios. Un templo moderno, construido en los años sesenta por todas las naciones cristianas, que se levantó sobre la cripta en la que tuvo lugar la Encarnación del Hijo de Dios.

En una pequeña cripta de la iglesia
de la Natividad (Belén), enmarcada por
una pobre gruta, se conserva —destacado
por una estrella de plata— el punto
en el que «María dio a luz un niño
al que puso por nombre Jesús».
Aquí, en un pesebre de animales,
nació el Hijo de Dios.

En una aldea perdida de las afueras de Belén, una pequeña iglesia mantiene vivo el recuerdo de lo que ocurrió en la primera Nochebuena. Unos ángeles dieron la gran noticia a unos pastores que cuidaban sus rebaños: «En la ciudad de David os ha nacido un redentor.»

El santuario de la Visitación en Ein Karem, pequeña aldea en las afueras de Jerusalén. Las paredes del patio de entrada están cubiertas por mosaicos que reproducen en distintas lenguas el *Magnificat*, el mayor himno de alabanza a Dios pronunciado por la Virgen.

En la entrada de Jericó, un sicómoro enorme es conocido como «el que trepó Zaqueo» para ver a Jesús, quien iba a pasar por allí. «Hoy comeré en tu casa», le dijo el Maestro agradecido por su detalle. El niño de la foto me cuenta al pie de la letra este pasaje del Evangelio.

Vista del monte de los Olivos desde la Puerta de San Esteban, en la ciudad vieja de Jerusalén. Nos separa el torrente Cedrón. La iglesia que aparece en primer plano está edificada en el huerto de los Olivos de Getsemaní. Al otro lado del monte se encuentra Betania.

Excavaciones en los alrededores del mar Muerto, donde parece que en el siglo I d.C. vivió una comunidad esenia. Muy cerca, en unas rocas imponentes, aparecieron en 1947 los famosos Manuscritos del Qumrán, la biblioteca más antigua del Antiguo Testamento.

Uno de los muchos olivos del huerto de Getsemaní. Es muy probable, dado que son árboles milenarios, que algunos fuesen testigos mudos de la escena del prendimiento de Jesús en la noche del Jueves al Viernes Santo.

En el interior de la basílica de Getsemaní, la llamada «roca de la agonía», el lugar en el que Cristo, Dios hecho hombre, pasó momentos terribles de soledad y angustia ante la Pasión que iba a sufrir, hasta el punto de sudar sangre.

La Puerta Dorada, en la muralla de la ciudad antigua de Jerusalén, es la única que está tapiada. Dicen los judíos que se abrirá el día que llegue el Mesías. Jesús la cruzó el Domingo de Ramos, montado en un borrico y aclamado por la multitud.

Vista de la ciudad antigua de Jerusalén desde el monte de los Olivos rodeada por la muralla. La explanada del templo de Herodes, que Jesús recorrió en tantas ocasiones, encierra la historia del pacto de Dios con su pueblo. En el centro, la mezquita de Omar o de la Roca.

Cúpula de la Ascensión. En la cumbre del monte de los Olivos, este minarete de planta octogonal guarda una piedra en la que, según afirma la tradición, quedó grabada la huella de los pies de Jesús antes de subir a los cielos.

Vista aérea de la basílica del Santo Sepulcro en Jerusalén. Pese a la pobreza material y artística de un templo que ha sufrido todo tipo de desastres, en su interior se conservan las reliquias más emblemáticas para un cristiano: el Calvario y el Sepulcro de Jesús.

POLICE

En la puerta de entrada a la basílica del Santo Sepulcro, un grupo de coptos que habita el edificio anexo al santuario espera dormitando la apertura para acceder a los oficios de la Semana Santa.

El patriarca latino de Jerusalén, que preside las ceremonias de la Semana Santa en la basílica del Santo Sepulcro, llega a pie hasta el templo. Le abren paso, de acuerdo con la tradición, cuatro turcos que hacen sonar sus alabardas con golpes secos en la piedra. Detrás de la cruz, los demás sacerdotes católicos de Jerusalén que le acompañan.

En el altar del Calvario, sobre la roca en la que Cristo fue crucificado, un franciscano ultima los detalles para la celebración de los oficios del Viernes Santo. En el altar que se encuentra a la izquierda de éste, que pertenece a los griegos ortodoxos, se venera el agujero en el que estuvo la Cruz.

La sala del Cenáculo, en la parte alta del monte Sión, donde tuvo lugar la institución de la Eucaristía. Pese a su aspecto medieval, la autenticidad de este lugar es una de las más garantizadas. A partir del siglo I, los cristianos veneraron dicho recinto sagrado.

El paso hacia Betania, al otro lado del monte de los Olivos, se corta de pronto con un muro de cemento gris de ocho metros de altura. Es duro tocar esta pared que se construye en pleno siglo XXI. Los grafitos lo dejan bien claro: «No queremos guerra, sino paz.»

La iglesia del primado de Pedro, en la orilla occidental del mar de Tiberíades, conmemora la escena en la que Jesús dice a san Pedro: «Sobre esta piedra edificaré mi Iglesia.»

Mosaico bizantino, perfectamente conservado en la iglesia de Tabga. Los panes y los peces, símbolo de la Eucaristía, recuerdan el milagro de Jesús en aquel lugar a orillas del lago, cuando dio de comer a cinco mil personas.

Cafarnaún, «la ciudad de Jesús» —como dice este cartel rodeado de flores— fue un lugar floreciente en tiempos de Jesús. Allí, en la orilla del mar, hizo su primer anuncio de la Eucaristía.

Ruinas, muy bien conservadas, de la sinagoga de Cafarnaún, edificada sobre la que Jesús frecuentó en sus años de predicación en los alrededores del mar de Tiberíades. Muy cerca de la casa de Pedro, según nos cuentan los Evangelios, Cristo hizo numerosos milagros.

la piedra. Uno gótico, del tiempo de las cruzadas, y otro muy bajo, para evitar que los camellos que llegaban del desierto entrasen al interior profanando el templo. A mí me parece que todo encierra un simbolismo perfecto: para llegar a «la gruta luminosa», como llaman al lugar en el que nació Jesús, hay que hacerse pequeño, humilde. Es realmente curioso que en este lugar, como en otros que son relevantes en la historia de la Redención, los hombres nos veamos obligados a inclinarnos completamente para cruzar la puerta —casi se puede decir, el agujero— que da acceso a la basílica.

El altar mayor de la nave central, recubierto de lámparas e incensarios, pertenece a los griegos ortodoxos. Nos persigue el olor característico que impregna estos lugares santos.

Se ha localizado el lugar exacto de este hecho por los documentos y estudios arqueológicos, que coinciden perfectamente con los relatos del Nuevo Testamento. Constantino vino a Belén después de su conversión en el año 353. Fue santa Elena, su madre, la que hizo construir las iglesias más importantes de la cristiandad naciente: ésta de la Natividad, la del Santo Sepulcro y la del monte de los Olivos. Los persas destruyeron todo cuando conquistaron Palestina. Dejaron esta basílica porque había un altar dedicado a los Reyes Magos, que venían de Oriente, y lo respetaron en su honor.

Faltan pocos minutos para las doce cuando entramos. Un padre franciscano, de raza negra, nos advierte que hay en la gruta del Nacimiento una liturgia de peregrinos. «Vayan rápido», nos anima.

Bajamos a la gruta. Es pequeña, rectangular, alargada, de doce metros de largo por tres de ancho. La altura también es de tres metros. Oscura, dura. Con varias paredes excavadas en la roca viva, revestida en buena parte por paneles de amianto, para protegerla de posibles incendios. Todo ennegrecido por el humo milenario de las velas. La escalera termina en un lugar cubierto por terciopelo y tapices. Más lámparas. Mármoles. En el suelo hay una estrella de plata: me dicen que es regalo de España, que conmemora el nacimiento de Jesús con unas palabras: «Aquí nació Jesús de la Virgen María.» En uno de los lados, está el pesebre, también recubierto por mármol, donde la Virgen recostaba al Niño, a Dios niño. Es el altar donde los católicos celebran misa. Otro saliente de la gruta se ha aprovechado para hacer un altar dedicado a los Reyes Magos, aquellos hombres sabios que vinieron de Oriente guiados por la estrella para adorar a un niño «envuelto en pañales y recostado en un pesebre» y le ofrecieron «oro, incienso y mirra» (Mateo 2, 11).

¿Por qué, se pregunta uno, este recargamiento artificial, que oculta la fuerza de la verdad de lo que ocurrió en esa cueva de animales? Una vez más en Tierra Santa es necesario cerrar los ojos a luces, colores y adornos para entrar a fondo en la verdad de lo que ocurrió aquella noche de la primera Navidad: la Virgen María con su Hijo recién nacido en un lugar inhóspito, entre animales, con frío, pobreza, humedad y una realidad peor que esa crudeza, pues «no hubo lugar para ellos en la posada» (Marcos 2, 7). Nadie abrió la puerta a una mujer a punto de dar a luz.

Los peregrinos cantan todos los días, a las doce, los salmos que anuncian la venida del Mesías. Al terminar, se recita el Evangelio correspondiente, recordando que Dios hecho hombre empezó su vida entre nosotros. Se oyen cantos litúrgicos. Se celebra después una misa de rito armenio. Incienso, adoración, piedad. Las distintas confesiones cristianas también están presentes en este lugar. Ahora se leen las profecías, que anuncian el nacimiento de Jesús. Cuando terminan, antes de salir, miro detrás de los damascos que cubren las paredes. Lo que hay detrás es roca viva, puro pedernal. No es un cuento más lo que nos enseñaron de pequeños. Ahí está en toda su crudeza, y en toda su grandeza, la piedra que se convirtió en el centro del mundo cuando su Creador llegó a la Tierra como un Niño recién nacido, indefenso.

Al terminar aquel acto, un franciscano nos enseña los alrededores de la gruta. Nos explica que la estrella que todos besamos es consecuencia de la mentalidad racionalista y positivista de los occidentales, que piden siempre el dato preciso, para tocar, de forma sensible, el punto exacto de los hechos. Los orientales discurren de forma diferente: aceptan la tradición y pocas veces se equivocan. Por otra parte, la autenticidad de la gruta que vemos ha quedado absolutamente garantizada. Hay un pequeño lugar donde se venera el sitio donde estaba el pesebre en el que María dejaba a su Hijo «envuelto en pañales» cuando no lo tenía en brazos: es una cavidad minúscula en la roca, donde por fuerza hay que sentarse o arrodillarse. Todo lleva a esa postura de veneración. Un pequeño altar, dedicado a los Reyes Magos, es donde se celebra la misa católica.

Junto a la gruta, más hacia el interior, se conservan una serie de cavidades llenas de historia: aquí vivió san Jerónimo y tradujo la Vulgata, con ayuda de escribas judíos y romanos. Hay un altar dedicado a los santos Inocentes. Una rueda de molino. Más altares. Más recuerdos que palidecen y pierden relieve después de haber estado inmersos, por un tiempo, en esta gruta del Nacimiento de Cristo. Pasamos deprisa por las dos iglesias de la Natividad y Santa Catalina, que tienen el valor arqueológico de haber sido edificadas sobre el sitio del nacimiento, que es lo que da un valor eterno al conjunto.

Da pena alejarse de Belén. De esa alma de niño que todos conservamos en lo más hondo y lo más genuino de nosotros mismos, se escapa el pensar que los belenes que poníamos hace años eran bastante parecidos a este pueblo: casas rectangulares, iguales a las nuestras de corcho, los ríos con sus puentes y sus mujeres lavando, las ovejas pastando en un prado del entorno y unos pastores toscos que miraban al cielo para escuchar el mensaje de aquellos ángeles que les animaban a ir a adorar a un Niño recién nacido en los alrededores. Y ocurría, como con la auténtica gruta, que también nuestros establos los adornábamos con esa mezcla de idealismo y de incapacidad para comprender en toda su profundidad el gesto de un Dios que nació de la manera que Él lo hizo.

La iglesia de los Pastores

Hacia el este, siguiendo la carretera, hay una pequeña aldea llamada Beith Sahur: allí se encuentra situado el campo donde los pastores recibieron aquella noche la buena nueva por parte de los ángeles, noticia que dos mil años después aún se repite por toda la tierra el 24 de diciembre. Aquel canto: «Gloria a Dios en las alturas», que entonaron los emisarios de la gran noticia desde el cielo, resuena hoy en los cinco continentes recordando aquella Nochebuena, noche única en la que se unió el cielo y la tierra. El guía nos explica en la cueva que esos hombres, los más pobres de los alrededores, no tenían que ir a censarse a Belén, porque ni siquiera les tenían en cuenta. Es a ellos a los que se les apareció el ángel. «No tengáis miedo —les dijo (una vez más la Biblia reseña las tres palabras que se han convertido en mi eslogan preferido)—. Tengo buenas noticias, pues vengo a anunciaros una gran alegría, que lo será para todo el pueblo: hoy os ha nacido, en la ciudad de David, el Salvador, que es el Cristo, el Señor [...]. ¡Paz en la Tierra a los hombres de buena voluntad!» (Lucas 2, 11-14). Como ahora en estos lugares, la paz ha sido y sigue siendo la gran aspiración de cualquier hombre a lo largo de la historia.

Al escuchar el mensaje, aquellos hombres —incultos, sencillos y nobles— dejaron los rebaños, que era todo lo que tenían, y, sin miedo a que los robaran, salieron corriendo hacia Belén. Fueron los primeros en ver a Jesús.

Son muy interesantes las impresiones que Egeria, la ilustre peregrina que en el siglo IV recorrió esta tierra, dejó escritas sobre el particular. Según nos cuentan a partir de su documento, llamado *Campo de los Pastores*, este lugar está a poco más de un kilómetro de Jerusalén. La tradición, atestiguada por los escritores de todos los tiempos, bizantinos, medievales y modernos, confirma que es en este lugar donde el ángel anunció a los pastores el nacimiento del Salvador. Las excavaciones más recientes confirman plenamente esta tradición.

No se puede decir con exactitud el año de la fundación de esta pequeña iglesia, pero consta que ya existía en el año 381, cuando la visitó esta mujer. Pedro el Diácono reproduce un texto del «Itinerario de la peregrina Egeria», que lo describe así:

> En el valle que hay en Belén se hallan los sepulcros de los reyes de Judá. No lejos de allí está la iglesia llamada

> Ad Pastores, donde ahora hay un huerto grande, cercado cuidadosamente por paredes alrededor y una gruta clarísima con un altar, en el lugar en que el ángel se apareció a los pastores, anunciándoles el nacimiento de Cristo.

Este santuario quedó en ruinas durante siglos. La historia de estos Santos Lugares encierra mucho de drama y desolación, pero hay algo que logra remontar los lamentables saqueos, destrucciones y deseos de aniquilar a todo un pueblo. Es la visión que tuvieron personajes extraordinarios, que, con cierto aire de visionarios, se lanzaron a redescubrir, a desenterrar o a conquistar estas tierras.

Cuando salimos de Belén, pasamos por una tienda en la que hay enormes cestos con todo tipo de objetos hechos con madera de olivo: rosarios, cruces, nacimientos recortados con las figuras de la Sagrada Familia. Los dueños nos animan a ver sus recuerdos, mientras nos ofrecen un té con el marchamo hospitalario de los árabes. No tienen más remedio que decirnos que están al borde de la ruina. Apenas hay turistas ni peregrinos que hagan su negocio rentable. Les cuento que Juan Pablo II en su última visita a España, en mayo de 2003, llegó con un millón de rosarios hechos en Belén. Alguien comentó con mucha razón que, además de fomentar la devoción a la Virgen, el Papa quería ayudar a los cristianos que sufren en estos lugares santos. Nunca olvidaré su sonrisa agradecida y feliz cuando les enseño lo que voy a comprar. No se fijan en la cantidad. Se alegran porque, en aquella mañana, por fin alguien se ha acercado hasta su tienda después de visitar la ciudad de Belén.

Me voy con pena porque cuesta decir adiós a esta ciudad de David, donde ocurrió lo más insólito de la Historia, el nacimiento del Hijo de Dios.

Ein Karem

Bordeando Jerusalén, vamos hacia otro punto cargado de belleza y simbolismo. Es una aldea pequeña, a pocos kilómetros de Jerusalén: una zona verde y montañosa, donde se halla la iglesia de la Visitación.

En un entorno lleno de paz y de silencio aparece una escalera de piedra, bastante empinada, que sube hasta un santuario rodeado de cipreses. La naturaleza refleja la belleza de lo que allí se conmemora. Es el templo, edificado sobre la casa de Isabel y Zacarías, padres de san Juan Bautista.

De acuerdo con lo que nos cuenta san Lucas en su Evangelio, la Virgen se enteró por el arcángel Gabriel que su prima «en su ancianidad ha concebido también un hijo» (Lucas 1, 36). Y salió con prisa, nos dice, hasta las montañas de Judea.

Son 154 los kilómetros que, para ayudar a su pariente, recorrió desde Nazaret aquella mujer que también esperaba un hijo, que era «el Hijo del Altísimo», el Mesías esperado por todas las generaciones. Hay un punto en este valle donde dice la tradición que se encontraron las dos mujeres. Una escultura moderna reproduce ese momento, pero es toda la naturaleza la que, en su silencio sagrado, guarda el eco de lo que sucedió en aquellos parajes. Hay que reconstruir la escena para captarla en su sentido más profundo. Isabel, movida por el Espíritu Santo, reconoce en María a la Madre del Salvador, porque el hijo que lleva en su seno, Juan, el Precursor, ha dado saltos de alegría. Se arrodilla ante su Dios y con veneración dice a aquella muchacha tan joven lo que después repetiríamos los cristianos a lo largo de los siglos: «Bendita tú entre las mujeres y bendito el fruto de tu vientre.» Remata su saludo de bienvenida con otras palabras que llenan de luz al mundo, tan a menudo sumido en tinieblas: «¿De dónde a mí tanto bien, que venga la madre de mi Señor a visitarme?» (Lucas 1, 41-43).

María, en un arranque que aún se escucha en el aire, recita con palabras inspiradas el *Magnificat*, un canto sublime de una belleza poética y teológica en el que desvela el secreto de su grandeza: «Mi alma glorifica al Señor y mi espíritu se alegra en Dios mi Salvador, porque ha puesto los ojos en la bajeza de su esclava; por eso me llamarán bienaventurada todas las generaciones» (Lucas 1, 46-48).

El santuario está dedicado a esas palabras. En las paredes del patio de entrada, una serie de mosaicos recogen en distintas lenguas el mayor canto de alabanza y gratitud a Dios pronunciado por una criatura extraordinaria, su Madre.

Un poco más lejos, en un cruce de caminos cercano, las excavaciones han situado el lugar de la casa de Isabel y Zacarías, una hacienda en mitad del campo en la que Isabel, ya mayor, esperó el momento de dar a luz a quien sería «el Precursor». Hay allí una iglesia dedicada a san Juan Bautista. Tiene el aire de una fortaleza austera, muy acorde con el carácter fuerte del protagonista que enseñaba: «Voz que clama en el desierto: preparad el camino del Señor» (Marcos 1, 3).

EMAÚS, EL SECRETO DEL ENCUENTRO

Está a unos doce kilómetros de Jerusalén —a sesenta estadios, según aparece registrado en el Evangelio—, al comienzo de la llanura que desciende hacia el mar. Por allí estaban, nos dice el Evangelio, Cleofás y otro discípulo decepcionados y tristes después de la Pasión.

Se recorre en pocos minutos el camino y se llega al pueblo, también árabe, que no es muy grande y tiene muy poca vida. Aparecen algunos niños, que huyen del objetivo de mi máquina de fotos. Veo mujeres con trajes típicos. Al final del pueblo, en una zona en la que resurge el verde de los árboles y los viñedos, se erige una iglesia rodeada materialmente por la sugerente frase del Evangelio que resume lo que allí ocurrió: «Quédate con nosotros porque ya está anocheciendo» (Lucas 24, 29).

Emaús, apacible y callado, guarda el secreto del encuentro. La naturaleza ayuda a la meditación y no es difícil situarse en el sentir de aquellos hombres, con una misión importante entre manos, que habían sido elegidos por Jesús de Nazaret, sujetos a desánimos y fracasos, pero recuperados gracias al amor y a la comprensión infinita de quien se hizo el encontradizo con ellos por aquellos caminos de Judea. El interés que esta escena ha despertado a lo largo de los siglos es impresionante. Existen varias zonas de excavaciones arqueológicas que tratan de situar el lugar exacto de lo que explica el relato. La razón del interés en torno a este pasaje está en la fuerza de la Eucaristía. Los Evangelios recogen como punto culminante de la escena que los discípulos reconocen a Jesús «al partir el pan», como lo hizo por vez primera en el Cenáculo de Jerusalén la tarde del Jueves Santo.

Mis guías son inmejorables: dos arqueólogos que se dedican a esta labor apasionante. Están trabajando a las órdenes de un experto de L'École Biblique de Jerusalén. Me dan datos imprescindibles para entender su oficio. Desde este centro de gran prestigio intelectual, se investiga por todo Israel, desde hace muchos años, para conseguir demostrar de forma científica la autenticidad de una serie de puntos neurálgicos para la fe cristiana. No hay ninguna duda, por ejemplo, acerca del sitio exacto del nacimiento de Jesús en Belén, de la Encarnación en Nazaret, del Cenáculo, del Calvario y del Santo Sepulcro en Jerusalén. Por supuesto, en los lugares que tienen como escenario la naturaleza, todo sigue en su sitio, con los únicos cambios producidos por el paso del tiempo. Como es lógico, no hay quien dude de la autenticidad de la región de Galilea, del mar de Tiberíades, del desierto de Judea o de la localización de Jerusalén, desde un punto de vista geográfico.

Pues bien, estos amigos míos, los que tanto me animaron a redescubrir esta gran epopeya de la Salvación, dedican muchas horas de su vida a la localización de un posible Emaús. Me llevaron a conocer las excavaciones una tarde después de visitar Ein Karem.

En este poblado, a las afueras de Jerusalén, han encontrado ruinas de una antigua iglesia bizantina. Éste suele ser uno de los primeros vestigios de culto en los lugares que veneraban los primeros cristianos. A partir de ese momento, se van encontrando tumbas, vasijas, lámparas, utensilios, inscripciones... Todo un mundo complejo y variado, muy rico, en el que voluntarios de distintos países van a trabajar con ese empeño de ir encuadrando con certeza científica el paso de Jesús por esta tierra.

Esa tarde, gris y con amenaza de lluvia, pasamos un buen rato entre aquellos tesoros, que están en pleno campo. Me impresionaron unos mosaicos del siglo IV, con los símbolos de la Eucaristía, que mantienen cubiertos con arena para evitar que se estropeen. Pero quizás más que aquel vestigio del arte bizantino, me conmovió el cariño y la piedad con el que esta pareja, rondando ya los cincuenta, se inclinaba entre las ruinas para localizar y enseñarme una nueva huella descubierta en su trabajo. Es la señal clara, me repetían, de que esta tierra fue bendecida por la presencia física de Dios hecho hombre. El tiempo adquiere una dimensión diferente ante la fe y el amor.

Capítulo 6
Judea: Betania, Jericó, Masada

Sólo ante Dios nos rendimos; sólo Él gobierna al hombre con la justicia y la verdad.

PALABRAS DE ELEAZAR BEN YAIR ANTES DE MORIR EN MASADA, RECOGIDAS POR FLAVIO JOSEFO.

Salimos de Jerusalén. Hoy el itinerario se centra en el extraordinario desierto de Judea, formado por moles de piedra: es imponente, agreste, soberbio y misterioso, de una belleza extraña por la mezcla de colores, que van desde los tonos ocre y amarillo hasta el azul intenso del mar y el cielo. Un mundo de contrastes salpicado por lugares cargados de recuerdos que aluden a situaciones decisivas.

Betania, la pequeña aldea en la que vivían los amigos de Jesús, es uno de esos puntos. Yo tenía un recuerdo muy especial de este rincón en pleno desierto, a sólo tres kilómetros de Jerusalén, al socaire del monte de los Olivos. Les digo a mis guías, ya amigos, que tengo la gran ilusión de volver a recorrer ese lugar. Noto de inmediato un gesto de contrariedad en su expresión. Cruzan entre ellos unas frases en árabe que no entiendo. Es curioso, porque siempre hablamos en inglés. Son dos personas abiertas, sin ningún tipo de complicación. ¿Qué les puede ocurrir?

Me lo explican, sólo a medias, con un empeño evidente de no crear en mí ningún tipo de prejuicio. Son gente de gran categoría; asumen lo que ocurre en esta tierra y quieren evitar que alguien tome partido como consecuencia de sus opiniones, que encierran todo un mundo de sufrimiento y de experiencias muy duras que se niegan a transmitir. Sin embargo, no pueden cerrar los ojos ni ocultar lo que ocurre. El asunto al que vamos a enfrentarnos si continuamos hacia esta pequeña localidad es algo inconcebible en este momento de la historia. En los días anteriores hemos divisado en distintos parajes el muro que se está levantando para aislar determinados enclaves árabes en los llamados «territorios ocupados». Pero, hasta este momento, yo sólo lo había visto en la distancia. Está claro que querían evitarme la impresión atroz que provoca el toparse, de frente, bien podría decirse, en los suburbios de una ciudad de la categoría de Jerusalén, con una pared de cemento gris de ocho metros de altura.

A la vuelta de una de las curvas que en principio nos llevaría a Betania, esa pared nos corta el paso. Repito que ellos querían haberlo evitado. Son radicalmente pacifistas, buenos católicos y conciliadores. Sienten vergüenza por la humillación que supone lo que tenemos delante, pero ante mi insistencia y sin tener la total seguridad de que ya estaba levantado el muro en esta zona, nos hemos acercado hasta ella.

Es terrible tropezarse físicamente con esa realidad. Cuesta aceptar que sea cierto hasta que se llega a tocar, con un nudo escalofriante en la garganta, la ceguera y la incomprensión concentradas en esa pared de hormigón armado. Sobre el gris áspero del conglomerado hay muchas frases de dolor y de rechazo: «¡No más muros de lamentaciones!» «Queremos paz, no guerra.» Hago varias fotos mientras ellos, contrariados, comentan con pocas palabras —bastan el tono y la expresión— que así están viviendo en los últimos meses. Es una sorpresa continua, imparable. Yo diría que insoportable, pero no quiero echar leña al fuego y me callo. Oigo un ruido de motor. Tengo detrás de mí un *jeep* de la policía. Saludo a los que llegan y les explico que estoy tomando unas vistas del muro. Pienso que no les gusta demasiado, pero quizás comprendan que mucho menos me gusta a mí ese panorama desapacible. «¡Qué le vamos a hacer!», les digo, para quitar hierro al asunto. No podemos seguir, pero con la gran pena de lo que he visto trataré de reproducir todos mis recuerdos. Así fue. Esa misma noche leí lo que había escrito en mi primer viaje a Israel, que transcribo a renglón seguido.

LLEGAMOS A BETANIA

El final de la bajada de la ladera posterior del monte de los Olivos evoca un mundo diferente. Nada que ver con lo que dejamos atrás, en Jerusalén. En un recodo del camino, abrigada de la dureza del clima, lejos del ruido de la ciudad, entre flores y cipreses, se halla una pequeña aldea en la que Jesús tenía un gran apoyo, uno de los mejores valores —la amistad— con los que puede contar un ser humano. Allí, en Betania, a tres kilómetros de Jerusalén —unos quince estadios (Juan 11, 18)— vivían Marta, María y Lázaro, sus amigos. Me atrevo a decir que este rincón acogedor conserva, no sé si milagrosamente, el sabor de lo entrañable. Y cala hondo el consejo que escuché a san Josemaría Escrivá: «Para un cristiano, la Eucaristía es un nuevo Betania, un lugar donde encontrar a Jesús para tratarle con confianza y reponer fuerzas espirituales.» Tiene hondura teológica y práctica la enseñanza de un santo de nuestro tiempo.

Está cerca la iglesia de los franciscanos, junto a la tumba

de Lázaro, en recuerdo de uno de los milagros más espectaculares de Jesús. Como nos explican, los judíos creían que las almas se separan del cuerpo tres días después de la muerte. El Evangelio nos dice que Jesús tardó ese tiempo en llegar, pese al recado de sus hermanas: «Lázaro tu amigo está enfermo.» Cuando con tristeza se acerca hasta el lugar en el que está enterrado y pide que levanten la piedra, le dicen con tono de reproche que ya es tarde: «Si hubieses estado aquí no habría muerto mi hermano» (Juan 11, 3 y 32). Sigue un diálogo de plena confianza en el que estas mujeres se quejan hasta el punto de que, nos dice san Juan, «Jesús comenzó a llorar». Al llegar al sepulcro, ordenó: «Quitad la piedra.» A lo que Marta, llena de realismo, le contesta que es tarde: «Ya hiede, pues lleva cuatro días en el sepulcro.» Vale la pena reproducir el final de la escena tal y como ha quedado recogida en el cuarto Evangelio. Jesús se vuelve a Marta: «¿No te he dicho que si crees verás la gloria de Dios?» Quitaron entonces la piedra. Jesús, levantando los ojos a lo alto, dijo: «Padre, te doy gracias porque me has escuchado, pero lo he dicho por la multitud que está alrededor, para que crean que Tú me enviaste.» Y después de decir esto, gritó con fuerte voz: «¡Lázaro, sal fuera!», y el que estaba muerto salió, atado de pies y manos, con vendas y el rostro envuelto en un sudario... El final del relato dice que muchos judíos que habían ido a casa de María, al ver lo que hizo Jesús, creyeron en Él.

Sin embargo, de acuerdo con lo que explica el mismo evangelista, los poderosos —entre otros Caifás, que era Sumo Pontífice aquel año— tuvieron miedo, porque aquel hombre arrastraba a las masas: «Así que desde aquel día decidieron darle muerte» (Juan 11, 34-53).

LA POSADA DEL BUEN SAMARITANO

Dejamos este pequeño poblado. Hay que seguir el itinerario previsto para conocer bien esta tierra. Nos espera una zona cada vez más reseca, desértica y polvorienta. Nos acercamos a una vuelta rocosa en la que han reproducido «la posada del Buen Samaritano». Este lugar, forzoso en la ruta de las caravanas que cruzaban el país, se halla rodeado de una soledad imponente que, desde siempre, fue aprovechada por bandidos y salteadores de caminos para desvalijar a los viajeros que iban y venían de Jerusalén. Se constata de nuevo que Jesús, plenamente identificado con el vivir cotidiano y los problemas de los hombres de su tiempo, eligió este punto para ubicar la parábola que nos relata san Lucas: «Bajaba un hombre de Jerusalén a Jericó y cayó en manos de ladrones» (Lucas 10, 30-37). En ese punto, otro paisano cubierto de túnicas, con barba larga y sucia, eterniza el paisaje. Le acompaña un camello, también viejísimo, al que uno puede subirse y que proporciona una nota divertida en la aridez de esta etapa. Hoy en día, si se viaja por la carretera principal, sólo se ve a lo lejos este lugar tan pintoresco. Sin embargo, vale la pena entender lo que supone esa tradición que ha quedado plasmada en un mosaico bizantino sobre la que los cruzados construyeron una pequeña fortaleza. Por allí pasaba la calzada antigua que unía el norte del país con todas las zonas vitales de Judea.

JERICÓ, LA CIUDAD MÁS ANTIGUA DE LA HISTORIA

Tratamos de llegar a esta ciudad, la más antigua de la Tierra, con diez mil años de historia. No es un día apropiado.

O más bien las relaciones internacionales no están para bromas. Esta ciudad de mayoría musulmana, con seis mil habitantes, ha pasado a ser un lugar prácticamente intransitable para los no judíos. Aquí también hay que atravesar un *check point*, mucho peor que un puesto fronterizo normal, que se cruza por lo general con un pasaporte o carnet de identidad. Es inútil tratar de pasar si hay una orden de cierre total, como ocurre esta mañana. Por dos veces, con la mejor de sus sonrisas, nos dicen los policías que hoy es imposible nuestro intento. Lástima, porque es otro punto en el que se reviven momentos muy entrañables de la vida de Jesús. Por una parte, era el único camino para ir desde Galilea a Jerusalén, el mismo que Jesús hizo muchas veces con sus discípulos a lo largo de sus tres años de predicación incansable. Los relatos nos cuentan, por ejemplo, que allí devolvió la vista a dos ciegos de nacimiento (Mateo 20, 29-34), o su encuentro con Zaqueo. Vuelvo a los recuerdos que, como una fotografía inalterable, conservo de mis viajes anteriores, bien grabados en el disco duro de la memoria.

Treinta y cuatro kilómetros de desierto desembocan en una ciudad sorprendente, un verdadero oasis para aquellos parajes: gracias al microclima de este enclave, caliente en verano y muy suave en invierno, surge de pronto Jericó con su vegetación tropical. Palmeras, cipreses, buganvillas, ponsetias, plantaciones de caña de azúcar y platanales han hecho que se llame a esta localidad «el jardín de Judea». Sus frutas, que adornan los puestos de venta con aire de feria en las calles principales, son famosas en Oriente. Hay rosas que tienen precisamente el mítico nombre de esta ciudad.

Jericó, cargada de historia, ha cambiado de enclave varias veces a lo largo de los siglos. Las murallas de la ciudad más antigua del mundo, sitiada por Josué, como nos cuenta la Biblia, cayeron de modo milagroso —al son de las trompetas— hace más de treinta siglos. Hacia el sur, junto a los restos de un palacio de Herodes, está el lugar de la ciudad que tantas veces recorrió Jesús en sus idas y venidas en torno a Jerusalén. Los restos de esa población ya no existen. Queda, sin embargo, un testigo de excepción. Detrás de Jericó, como una mole que rompe con la vegetación que nace del Jordán —ése es también en buena parte el secreto de la riqueza de esta zona—, se recorta el monte pelado, agreste y duro del Djebel-Qarantal. En esa cumbre blanquecina y reseca, que está sometida a todas las inclemencias de la naturaleza (lluvias, granizo, vientos... o el sol que cae de plano sobre ella), se sitúa el lugar de las tentaciones de Cristo. Un monasterio griego en mitad del monte, con una capilla venerada desde el siglo IV, refuerza la tradición que localiza allí la narración de los Evangelios (Lucas 4, 5; Mateo 4, 8). Impresiona esa visión de una montaña sin el menor rastro de vegetación ni de vida: soledad y dureza en la que Jesús pasó cuarenta días y cuarenta noches antes de empezar su vida pública.

Es total el contraste con las orillas del Jordán y la parte de la ciudad regada por la famosa fuente del profeta Eliseo. En plena carretera, paramos para ver el sicomoro de Zaqueo. Da lo mismo que sea ese árbol o no el protagonista de una escena evangélica increíble que tuvo lugar en esta zona hace dos mil años. Lo prodigioso es que los cristianos de esta tierra tengan a gala conservar detalles tan humanos y tan divinos del Nuevo Testamento, como el de aquel hombre importante, bajo de estatura, que no tuvo ningún reparo para trepar a un árbol con el fin de lograr su objetivo: ver a Jesús. Y, Jesús, que tenía una sensibilidad extrema y un corazón agradecido, lo ve entre la muchedumbre, se va a comer a su casa, lo convierte y lo renueva. No hay que olvidar que Jesús, perfecto hombre, es perfecto Dios.

Los tipos que pasean por Jericó son de una raza que sorprende. Y me explican con enorme naturalidad que son «descendientes de Cam», hijo de Noé, como nosotros somos hijos de Dios... Curioso y profundo comentario. Los que callejean son árabes. Acogen con una sonrisa al viajero y le ofrecen cestos de fruta. Probamos una naranja deliciosa.

Y así llegamos hasta Masada

Muy cerca de la orilla occidental del mar Muerto, una fortaleza rompe la monotonía del desierto. Es una montaña recortada con forma de anfiteatro, en el centro de una colina baja. Está situada a 450 metros sobre el nivel del mar, cortada a pico por los flancos y con una plataforma en la cima, sobre la que se dibujan de forma insólita las construcciones de un palacio fortaleza. Resulta un símbolo indiscutible, probado por historiadores y arqueólogos, del trabajo ímprobo de un grupo de hombres que lucharon con fuerza sobrehumana, frente a la naturaleza inhóspita de este lugar que, como todos en Israel, guardan en sus entrañas el testimonio de los hechos que nos narra la Biblia. En una de las miles de cuevas, refugios naturales de antiguos guerreros, tuvo lugar el episodio que se nos cuenta en el primer libro de Samuel, que relata cómo Saúl se escondió en una de aquellas cavernas y se quedó dormido. David lo tenía fácil, tirado en el suelo, si hubiese querido matarle. Sin embargo, para demostrarle su lealtad, le cortó un trozo del manto real. Allí está la roca de la huida del rey como testigo de la grandeza de un hombre frente a su enemigo.

La fortaleza de Masada, imponente, fue construida por el rey Herodes como un lugar inaccesible. Hoy está llena de grupos, judíos en su mayoría, que vienen a recorrer un espacio que ha quedado como símbolo heroico de la resistencia de un pueblo frente a los romanos. El rey Herodes, que tenía otros palacios y fortalezas del mismo calibre por todo el país, no llegó a vivir en Masada aunque, en previsión de lo que pudiera ocurrirle, mandó construir allí este palacio, con todos los lujos posibles. Cuando se recorren las ruinas tratando de situarnos en la forma de trabajar de aquellos tiempos —a base de esclavos, con los métodos más rudimentarios, hasta excavar en la roca las estancias, los baños, las termas, para su familia y la corte—, se rompen todos los esquemas. Para defenderse de un posible asedio, como el que efectivamente sufrió esta fortaleza, se hicieron cisternas con capacidad para cuarenta mil metros cúbicos de agua, y grandes espacios de almacenamiento de víveres, capaces de mantener con vida a cientos de personas en un lugar tan inhóspito.

La subida a lo alto de este complejo incalificable se realiza en un moderno funicular donde cabemos alrededor de cincuenta personas. Hay un camino, llamado «el de la serpiente», perfecto para aventureros o amantes de lo genuino: a lo largo de más de una hora, aplastados casi siempre por un sol de justicia, recorren a pie la ruta que hace dos mil años siguieron sus antepasados. Porque a esta fortaleza, símbolo del heroísmo, vienen, con verdadera pasión, todos los judíos dispersos por el mundo, que vuelven a Israel para tocar la tierra de sus mayores. Y éste es un punto culminante en su periplo.

Cuando llegamos a la cumbre, un pasadizo de madera nos introduce en el lugar donde, después de la caída de Jerusalén en el año 70 d.C., se refugiaron los zelotas, un grupo de judíos ortodoxos con sus familias, al mando de Eleazar Ben Yair, huyendo de los romanos. La situación de este pueblo siempre ha sido un tanto compleja. Aquel grupo de familias estaban atrincheradas con un ideal en el que se unían la defensa de su tierra y una fuerte religiosidad. En Masada construyeron una sinagoga, una de las más antiguas de Palestina, que se conserva en la actualidad, con estancias para los baños rituales y escuelas de la Ley. La resistencia duró tres años. Cuenta el historiador Flavio Josefo que al derribar los muros después de un asedio durísimo, el día de Pascua del año 73 d.C., se encontraron novecientos sesenta cadáveres y una fortaleza en llamas. Todo un símbolo, repetido una y otra vez en tantos lugares (algunos muy cercanos, como Sagunto o Numancia), de cómo el ser humano prefiere la muerte a la esclavitud. Algo se nos remueve y casi se subleva en nuestro interior al constatar la situación en la que hoy, año 2004, están tantos palestinos, asediados y marginados en esa misma tierra, por una escalada de odio incontrolado y de muertes sin sentido. ¿Cómo interpretar hoy las palabras de Eleazar Ben Yair, que han pasado de una a otra generación por la hondura de su mensaje? Ésta fue la arenga del líder de aquel grupo:

> Valientes hermanos:
>
> Hace tiempo hemos llegado a un acuerdo de no someternos a los romanos, como tampoco a otras fuerzas que quieran dominarnos.
>
> Sólo ante Dios nos rendimos; sólo Él gobierna al hom-

> bre con la justicia y la verdad. Ha llegado la hora de realizar nuestras aspiraciones sin caer en la ignominia... Vayamos a la muerte antes de ser esclavos del enemigo. Libres quedaremos al abandonar este mundo, nosotros, nuestras mujeres y nuestros hijos.

Dos mujeres y cinco niños se salvaron y contaron a los invasores sus últimas horas, que han llegado hasta hoy a través de la historia. Entre las rocas, mientras se recorren las ruinas de aquella fortaleza, todo habla de sentimientos encontrados y de una nostalgia casi infinita de entendimiento y de paz. Si desde siempre el hombre ha querido su libertad y su dignidad por encima de cualquier otro valor, ¿por qué nos encontramos con tantas contradicciones? Terrible cuestión que nos golpea por dentro en cada paso que damos por aquellas ruinas.

SEGUIMOS NUESTRA RUTA HACIA EL MAR MUERTO

Dicen que los peces del Jordán que llegan al mar Muerto sucumben en el acto y son lanzados a la orilla convertidos en salazones. No lo he visto, pero lo creo. Basta con recorrer aquellos pedregales para haberse sentido muy cerca de correr la misma suerte, aun sin caer en el mar.

Estamos en el punto más bajo de la Tierra: cuatrocientos metros por debajo del nivel del Mediterráneo. Aquí falta el aire, la vegetación, la vida en general. No es un tópico, sino referencia obligada, hablar de un paisaje lunar. Los americanos, me cuentan, vienen desde su tierra a bañarse en estas aguas, que tienen seis veces más salinidad que las de cualquier otra zona. La densidad es de tal grado que los cuerpos flotan como el corcho. La riqueza química que contiene es descomunal en cloruros (magnesio, calcio, potasio, manganeso), bromuros, sulfatos, amoníaco y óxido de hierro. En el extremo sur se ha montado una enorme fábrica de potasa. Este mar, de ochenta kilómetros de largo y dieciséis de ancho, está rodeado por un cinturón de montañas resquebrajadas y paredes desnudas: verdaderas murallas de granito que imponen por su aspereza. En una de estas rocas aparecieron, en el verano de 1947, los famosos Manuscritos del Qumrán, que han supuesto, desde el punto de vista histórico y cultural, recuperar la biblioteca más antigua del Antiguo Testamento. No se puede escalar hasta la cueva en la que se metió aquel pastor que estaba persiguiendo a sus cabras y encontró el famoso tesoro guardado en viejas vasijas. ¡Lástima! Porque entre aquellas grutas uno se transforma en aventurero. Es fácil pensar que todavía encierran en sus entrañas secretos fantásticos como los que aquella comunidad esenia escondió, en el siglo I d.C., antes de desaparecer.

El primer descubrimiento de los beduinos en aquel desierto consistió en siete grandes rollos. Las insólitas circunstancias del hallazgo, en vísperas de la guerra de Liberación de Israel, frenaron las negociaciones iniciales emprendidas para la compra de aquel tesoro.

Un año después del descubrimiento se puso en marcha la prospección arqueológica de toda la zona. Por la locura de la guerra y de las divisiones de la tierra, la búsqueda de este material, único, continuó en manos de los beduinos, que, como es lógico, causaron estragos en la primera cueva, ya que únicamente buscaban que les pagaran bien «aquellos viejos trozos de cuero». Por suerte, las autoridades arqueológicas de Jordania, país al que fue a parar este territorio por un tiempo, se hicieron cargo de las cuevas. Entre los años 1951 y 1956 se intensificaron los trabajos. Se examinó con los métodos más avanzados una franja de ocho kilómetros de acantilados y aparecieron hasta once cavernas con un sinfín de tesoros, entre los que estaban las primeras transcripciones de los libros del Antiguo Testamento. Un dominico francés, el padre De Vaux, alma de aquellas excavaciones, animó a encontrar a los autores de aquellos documentos. ¿Quiénes fueron las personas que habían escondido los rollos en estas cuevas? La conclusión, después de numerosos estudios en equipo, fue que aquel sitio pudo ser un lugar de retiro solitario establecido, quizás, por la secta de los esenios, mencionado por algunos escritores antiguos. Estos hombres residían en lugares vecinos, posiblemente en cavernas, carpas de lona y estructuras sólidas, pero dependían de un centro para cubrir las necesidades comunes como abastecimiento de víveres o depósitos de agua. Las discusiones sobre su procedencia y forma de vida aún no se han aclarado y los datos que llegan hasta nuestros días no son fáciles de interpretar. Lo definitivo es que las colecciones de escritos recuperados en las inmediaciones de Qumrán han hecho llegar hasta nosotros una gran cantidad de documentos judíos desde el año 150 a.C. hasta el año 68 d.C.

Extenuados por el itinerario que hemos llevado a cabo en Judea, volvemos a Jerusalén. ¡Da mucho que pensar, si se da marcha atrás a la moviola, el imaginar a Jesús realizando estos mismos recorridos, a pie, hace dos mil años! Caminos intrincados de montaña, machacados por el sol, con este clima duro y con la urgencia de un Dios que, en poco tiempo, quería transmitir a los hombres el mensaje que les traía. Treinta kilómetros resultan cortos para asimilar la impresión que se tiene en lo más íntimo desde que se pone un pie en estos lugares...

Al llegar a Jerusalén, vamos al santuario del Libro, un marco de gran valor artístico, con un centro prioritario de interés: el edificio en el que se guardan los Manuscritos del Mar Muerto, medio camuflado entre los arbustos del parque que rodea al museo. Una construcción original, moderna, rematada por una cúpula de porcelana blanca. En el interior resaltan las paredes de arcilla, perfectamente dispuestas, del mismo estilo que las demás casas del país. La integración de Israel con el paisaje es perfecta. Las distintas galerías nos llevan al punto central, una rotonda de cristal en la que se exhiben los principales documentos: los rollos del Libro de Isaías. Alrededor se pueden admirar los fragmentos de casi todos los libros de la Biblia, escalonados desde el año 50 hasta el año 150 a.C. Los primeros manuscritos que se conocían hasta entonces eran del siglo IV d.C.

A las diez de la noche, cierran. Hace frío al salir. El contraste es chocante, debido a que Jerusalén está edificado a setecientos metros sobre el nivel del mar. Viene muy bien el aire fresco después de un día colmado de impresiones fuertes.

Capítulo 7
Galilea, Tiberíades

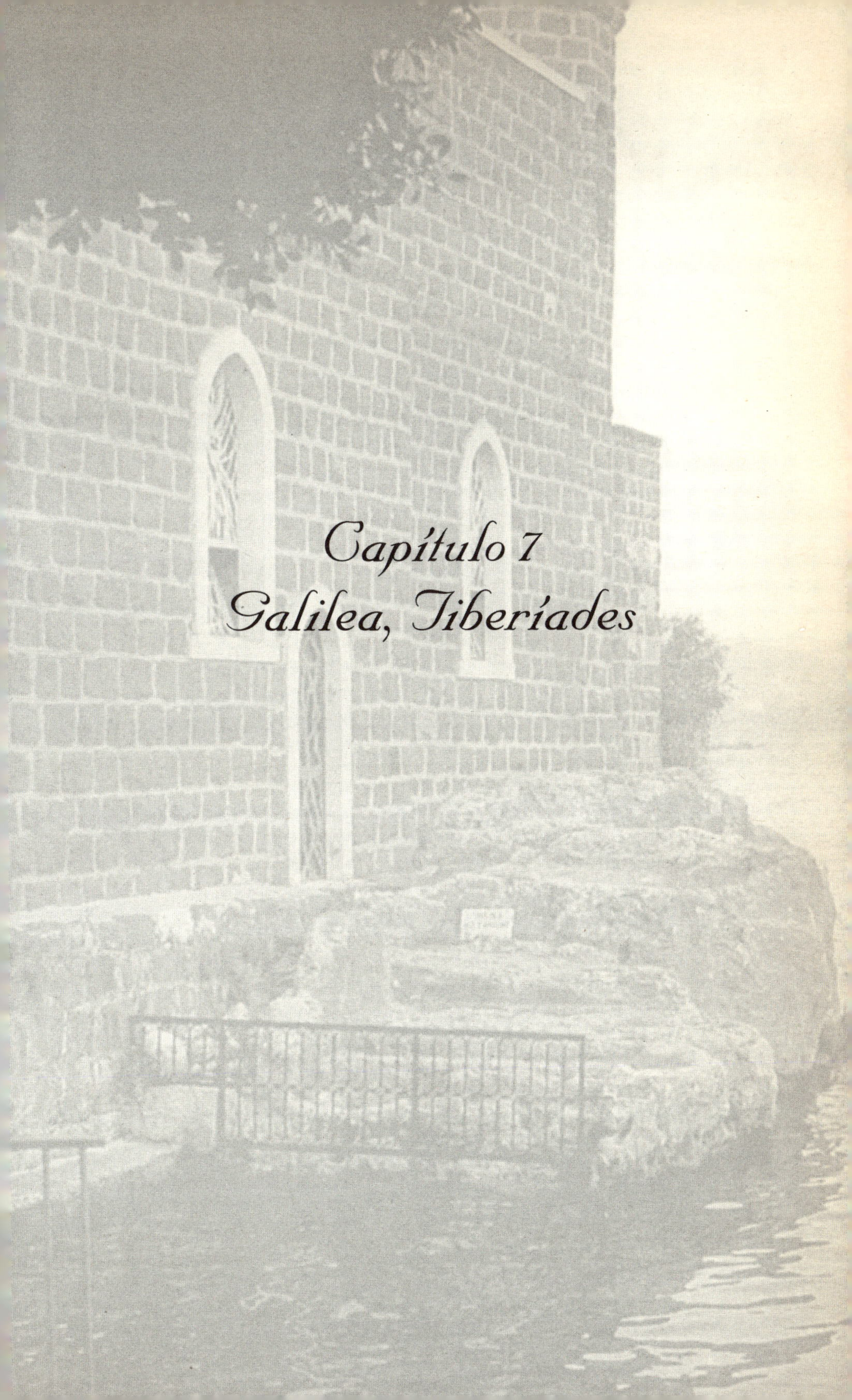

Entretanto, la barca estaba ya alejada de la tierra muchos estadios, batida por las olas, porque el viento les era contrario. En la cuarta vigilia de la noche vino Jesús hacia ellos caminando sobre el mar.

MATEO 14, 24-25.

DE JUDEA A GALILEA

Llega un nuevo día y salimos de Jerusalén rumbo al norte del país, hacia Galilea, una región que desde siempre ha jugado un papel decisivo en la historia de Palestina. Todo, desde la naturaleza al carácter de las gentes, aparece como el extremo opuesto a Judea.

La parte sur, dominada en buena parte por el desierto, tiene una apariencia agreste y seca, mientras que Galilea es suave, con infinitos matices de verdes. Formada por tierras volcánicas, su suelo es fértil y el ambiente acogedor y cálido. Tiene valles y ríos frente a los torrentes duros del sur del país. Galilea, en contraste con el mundo cerrado de Judea, es sobre todo una encrucijada de rutas milenarias, abierta al mar, a otros vientos y a otras gentes.

Vamos hacia el Jordán, el río que evoca la preparación del Evangelio y el bautismo de Jesús. Desde hace varios años, marca la línea fronteriza con Jordania y forma parte de los territorios ocupados que no podemos visitar. La ribera se encuentra salpicada de fortificaciones, que están presididas por la bandera azul y blanca con la estrella de David.

Las circunstancias políticas nos impiden acceder a esa parte del Jordán donde san Juan Bautista, el Precursor, bautizaba a la gente. Cuando Jesús se acercó a él para que le bautizara, se abrió el cielo y Dios Padre desveló su divinidad (Marcos 1, 9; Mateo 3, 12).

Nuestro siguiente objetivo, una vez comprobada la imposibilidad de acercarnos a este punto, es el monte Tabor. San Mateo lo describe como «un monte alto», al cual subió Jesús con Pedro, Santiago y Juan (Mateo 17, 1). Mientras superamos —no sin dificultad— el camino de curvas cerradas, es lógico remontarse dos mil años para imaginarnos cómo lo harían cuando sólo existían caminos de tierra. Desde el coche se divisan campos de trigo en los valles que terminan en el Jordán. La cumbre del monte está coronada por una basílica moderna, casi escondida entre árboles y flores. Destaca enseguida un triple frontón en el que se lee la frase de Pedro: «Señor, qué bien estamos aquí», y su idea feliz de hacer tres tiendas para eternizar aquel momento sublime en el que vieron, como relata el evangelista, que Jesús «se transfiguró ante ellos, de modo que su rostro se puso resplandeciente como el sol y sus vestidos blancos como la luz». Y, para dejarles más maravillados si cabe, pero con una idea fundamental para su vida de apóstoles, escucharon «una voz desde la nube que les dijo: "Éste es mi Hijo el Amado, en quien me complazco; escuchadle"» (Mateo 17, 5), algo inimaginable para cualquier mortal, pero menos quizás para unos pobres hombres de aquella región. Cuando bajaban del monte, Jesús les pidió que no dijeran nada de lo que habían visto hasta después de su resurrección. Y aquellos tres, a los que el Maestro estaba fortaleciendo en su fe cerca ya de su Pasión, cumplieron su palabra de no hablar durante un tiempo de aquella teofanía, hasta que la quisieron contar para dar testimonio del hecho y que quedara constancia de lo sucedido.

Coincidimos en la basílica con una peregrinación italiana. Once sacerdotes concelebran el sacrificio de la misa. Suena el órgano y el canto gregoriano se entremezcla con las oraciones y los silencios de un pueblo que cree y adora. ¡Cómo acerca a Dios la liturgia bien vivida! Es una gran ayuda para captar en toda su profundidad lo que supone la divinidad de Jesucristo. Allí se siente cada uno parte de la Iglesia, unido en línea ininterrumpida con aquellos testigos de la Transfiguración, hasta el punto de sentir como ellos la necesidad de prolongar de alguna forma misteriosa, para siempre, ese momento único en el que el alma cree sin reservas. Y, lo mismo que aquellos tres testigos, se intuye que nuestra misión de cristianos está en contar a todo el mundo una verdad fundamental: Cristo es el Hijo de Dios que se encarnó para salvarnos a todos y a cada uno de nosotros.

Se comprueba, una vez más, que en esta tierra lo que impresiona no es lo que el hombre ha hecho (a pesar de que en esta iglesia se ha lucido bastante el arquitecto), sino el deseo de adivinar en el ambiente ese algo, invisible, que se descubre al mirar con los ojos del alma.

Al salir al exterior de la iglesia, el panorama inmenso que se abarca desde la cumbre es revelador de toda una historia en la que evocan capítulos muy humanos entreverados de hechos divinos. Porque el protagonista de lo que ocurrió en el horizonte que contemplamos es la persona de Jesucristo, Dios y hombre verdadero. Al sur, se extiende la llanura de Esdrelón, con un perfecto equilibrio de verdes y dorados. Al norte, están las montañas más altas de Israel, rematadas por el Gran Hermón, cubiertas de nieve gran parte del año. Al oeste, cerca ya del Mediterráneo, se alza el monte Carmelo, donde se venera la aparición de la Virgen a san Simón Stock, en Inglaterra, que había vivido allí muchos años, pidiéndole que hablase a los hombres del gran apoyo que podrían encontrar siempre en su corazón de madre.

Montaña, llanura y mar: los tres elementos de un paisaje que rodeó la vida de Dios hecho hombre. Queda en el noreste un rincón que alguien comparó a una piedra preciosa por la claridad y pureza de sus aguas. El mar de Galilea, ese lago de Genesaret o de Tiberíades, escenario de la más divina y a la vez de la más humana actuación de Dios, se perfila a lo lejos. La bajada hacia el mar interior es fuerte hasta llegar a la llanura de Galilea, tan fértil, que sorprende casi por su vegetación tropical. En esta provincia se unen las condiciones del terreno con el tesón de los judíos, que han dedicado un esfuerzo considerable a sacar el máximo rendimiento a su tierra. En la lejanía, entre árboles de todas las especies, con pocos kilómetros de por medio, se divisa de nuevo el color pardo de la tierra estéril y reseca. Estamos a doscientos metros bajo el nivel del mar. Al fondo, hay edificios también de construcción sencilla, como tantos en Israel. Son todos iguales. Sólo las flores dan una nota de color y rompen la monotonía. Al otro lado de la carretera, empieza a perfilarse, ahora más cercano, un pequeño trozo de ese mar de Galilea que se anuncia a lo lejos, como un apunte, testigo de excepción de escenas entrañables de la vida pública de Cristo. El paisaje cambia de modo radical. La luz, no demasiado fuerte, matiza su color. Domina el azul intenso del agua. Amarillos y verdes, muy fuertes también, en la orilla. La transparencia y la paz envuelven esta zona del país.

Se nota la diferencia de presión. Luce un sol primaveral y el Tiberíades está repleto de gente que se baña en pequeñas calas. Al ver el espectáculo, dudo entre pensar si es tremendo o si es normal acostumbrarse a ver este mar como otro cualquiera. Y comprendo que hay que asumir, de forma definitiva, que Jesús vino a la tierra de los hombres para compartirla con ellos. Que no quiso reservarse en exclusiva un poco de terreno. Que vino a comprometerse con sus asuntos, que trabajó por compenetrarse con las cosas de los hombres, desde las más sencillas a las más importantes. Que nos dejó todos los elementos que Él había creado para que los disfrutáramos, no para que los acotáramos en recuerdo de los años que Él pasó por este mundo. Con esta idea latiendo en el subconsciente, uno se reconcilia con los balandros, con el esquí acuático, con los barcos de motor que hacen recorridos turísticos por el lago, y suenan de forma nueva las palabras de san Juan al inicio de su Evangelio: «Todo fue hecho por él. Y sin él no se hizo nada de cuanto ha sido hecho. En él estaba la vida, y la vida era la luz de los hombres... En el mundo estaba y el mundo fue hecho por él, y el mundo no le conoció. Vino a los suyos y los suyos no le recibieron...» (Juan 1, 3-11).

Con esa música de fondo nos lanzamos a recorrer este paraje privilegiado que aparece más de cincuenta veces en el Nuevo Testamento. Vamos, como dijo el poeta, a andar y andar los caminos, con el Evangelio en la mano y una dosis grande de ilusión por reconstruir lo que allí nos relatan.

Nuestra primera parada será en Degania, en el extremo sur del mar de Tiberíades. Es el *kibutz* más antiguo de Israel, fundado en 1901. Aquí los israelíes han llevado a cabo obras de riego imponentes, con lo que han conseguido un verdadero paraíso de flores y árboles variadísimos, una espléndida sinfonía de colores y olores. Vamos a conocer a un matrimonio —Nehemías y Geula— conocido de nuestros guías, que nos llevan a su casa sin ningún tipo de formulismo. Quieren que tenga una referencia real de este tipo de organización, tan unida al Estado de Israel. Me explican que ella se tiene que ocupar de la cena de las trescientas personas que viven en el régimen especial de estas comunidades agrícolas, instauradas hace muchos años en esta tierra. Su casa consta de veinte metros cuadrados, más o menos, divididos en cuatro espacios: un pasillo diminuto de entrada, dos habitaciones y un simulacro de cuarto de baño. Como contraste, aire acondicionado, nevera y otros electrodomésticos. El desorden es total.

Nehemías, su marido, está en la puerta: judío alemán, rubio, con una inmensa bondad reflejada en los ojos, campechano. Es ingeniero industrial, habla cinco idiomas y nos explica que vive feliz, hace años, en el *kibutz*. Tiene seis hijos ya casados y varios nietos.

Está dispuesto a acompañarnos en ese primer paseo por los alrededores del lago. Conoce y quiere a su tierra, y sabe lo que este rincón privilegiado representa para un cristiano. Su explicación es erudita y al mismo tiempo muy respetuosa con nuestra fe.

El mar de Galilea o lago de Tiberíades forma parte del gran pliegue tectónico que sigue por el valle del Jordán y el mar Muerto, atraviesa el mar Rojo y llega hasta África oriental. El clima es subtropical, con una temperatura más bien cálida todo el año. En el Talmud se cuenta que éste es el punto en el que se establecieron los primeros pobladores después del diluvio universal. En la época de Jesucristo, el entorno del lago era una zona muy rica, con una serie de ciudades importantes diseminadas en sus costas. Vivían del comercio, de la agricultura y de la pesca. Tenían centros donde salaban el pescado, que se exportaba a todo el Imperio.

La orilla occidental fue uno de los puntos en los que Jesús desplegó su máxima actividad. Mientras predicaba su doctrina eterna, contempló este mismo paisaje, surcó estas aguas, subió a estas barcas, descansó en estas piedras, celebró con sus amigos fiestas rituales o familiares, se rodeó de gente buena que, admirada por la fuerza de sus palabras, le seguían, unos de forma incondicional, dispuestos a ayudarle en su tarea ingente, otros deslumbrados con sus milagros portentosos. Todos le escuchaban absortos.

La serenidad del paisaje es absoluta. Emociona profundamente sentarse a orillas del lago y perder la mirada en un horizonte inmutable en el que se adivinan escenas conmovedoras de llamadas divinas y de respuestas que han marcado la historia de los hombres.

Nehemías conoce perfectamente los alrededores y nos explica la situación geográfica de cada sitio: la ciudad más próxima, a nueve kilómetros, es Tiberíades; después hay pueblos pequeños que él pronuncia sin darle ninguna importancia, siempre con respeto, pero que dan un vuelco al corazón: Magdala, Betsaida, Cafarnaún, Tabga, Nazaret. ¿Es posible, pienso mientras le escucho, tener esta realidad tan cerca? Es inevitable recordar, uno a uno, los hechos que tuvieron lugar en este marco hace dos mil años, cuando Jesús eligió este mismo lago para transmitir su mensaje divino a personas normales y corrientes como cualquiera de nosotros. No es fácil romper la magia de la noche que va cayendo y que trae a la memoria, con la brisa fresca del atardecer, tantos momentos que hablan de la sencillez y la profundidad de los mensajes que Jesús difundió en los tres años intensos de su ministerio en torno a este lugar, solitario y calmado a estas horas.

Son las siete de la tarde. Nos despedimos de nuestro anfitrión y del *kibutz* y nos dirigimos al hotel en el que pasaremos la noche. El enclave es otra maravilla: tenemos el mar a nuestros pies; al fondo, en la orilla opuesta, los montes de Tiro y de Sidón, que cambian de color a medida que anochece; a lo lejos, barcos de vela o de remos, o simples barcazas de pesca, que se mecen suavemente en la calma de una noche tranquila. ¡Qué difícil, pensé aquel día, será transcribir el rato que pasamos después de cenar en la terraza! Fue una de esas horas imborrables en las que se escucha el silencio y en las que la naturaleza, en perfecta armonía con el propio pensamiento, ayuda a meterse hacia lo más hondo de uno mismo.

Son horas íntimas, inolvidables, irrepetibles, por las que vale la pena todo el esfuerzo que pueda suponer este viaje. Horas en las que el alma, como dice la canción mexicana, habla de tú con Dios. Con un Dios hecho hombre, en este caso, que tantas veces —con el sol poniéndose ya en el horizonte, en un atardecer como el de hoy— subía a una barca con sus apóstoles y, un poco retirado de la orilla, explicaba su doctrina a las muchedumbres que le seguían para escucharle. Otras veces se alejaba de esa orilla para rezar, o se dormía, agotado, y descansaba apoyándose en un cabezal. O aquel otro día en que calmó la tempestad sólo con un gesto después de echar en cara su poca fe a los apóstoles, que estaban muertos de miedo por los embates de las olas. Pasa el tiempo. Cae la noche. Se hacen cortas las horas para el recuerdo. No se puede decir adiós a este punto estratégico, único para la contemplación.

Se me ocurre abrir el Evangelio, convertido en el mejor aliado para ilustrar, con datos revelados, estos ratos tranquilos, sin ruido, sin prisas, frente a este recodo del mar. San Mateo en el capítulo 14 cuenta que, después de un día de trabajo intenso, de haber curado a enfermos, y del milagro impresionante de la multiplicación de los panes y los peces, Jesús les pide a los discípulos que suban a la barca y se vayan a la otra orilla. Él solía quedarse a descansar un rato y a rematar su trato con aquellas gentes. El relato detalla que, «despedida la multitud, subió al monte a orar a solas y, después de anochecer, permanecía solo allí. Entretanto, la barca estaba ya alejada de tierra muchos estadios, batida por las olas, porque el viento le era contrario» (Mateo 14, 23-24). En la paz de la noche, la imagen de Jesús, perfecto Dios y perfecto hombre, rendido de tanto hacer el bien, con necesidad de estar a solas con su Padre Dios, da mucho que pensar. Y ayuda a comprender un poco más lo que este Maestro vino a enseñarnos con su vida. Sigue san Mateo desvelando secretos divinos, tan inasequibles en cierto sentido, pero muy cercanos, al mismo tiempo, por la carga de humanidad que encierran. Nos cuenta que mientras Jesús rezaba y descansaba, «la barca estaba batida por las olas en mitad del lago». Los suyos empezaron a temblar y «en la cuarta vigilia de la noche» (o sea, en plena oscuridad), aclarada quizás por la luna que en Oriente tiene una luz suficiente para poder adivinar entre las sombras, fue hacia ellos caminando sobre el mar.

El susto, como es lógico, fue doble. Por una parte, soplaba con violencia el viento, que les tenía en actitud de máxima alerta. Por otra, veían que se les acercaba alguien caminando sobre el agua como un fantasma y se pusieron a gritar de tal forma que Jesús tuvo que calmarles: «Soy yo. No tengáis miedo.» Nada les quitaba la angustia hasta que Pedro le lanza un reto: «Si eres tú, haz que yo también vaya a ti sobre las aguas.» A la voz imperativa que le ordena «ven», se tiró al mar. Impresionante la reacción de ese hombre impetuoso que al mismo tiempo es débil y que, al ver que el viento era cada vez más fuerte, se fijó en su impotencia y empezó a hundirse. Es entonces cuando volvió a quien podía echarle una mano definitiva: «¡Sálvame, Señor!» La mano de Jesús hizo que no se ahogara y le dejó claro el secreto: «Hombre de poca fe, ¿por qué has dudado?» (Mateo 14, 25-31), un secreto que se mantiene vivo en el alma de todo el que cree en ese poder infinito de Dios que, muchas veces, pide a los hombres que lleven a cabo pequeñas y grandes cosas en la travesía de su vida, apoyados en esa seguridad: «Soy yo, no tengáis miedo», que les transmite la confianza plena de que llegarán a buen puerto.

Puede dar la impresión, al revivir esas escenas inolvidables, de que aquí no pasa el tiempo. Pero se hace tarde. Hay que descansar para seguir el recorrido, con calma, al día siguiente.

El Evangelio del Lago

Partimos muy pronto. ¡Es un espectáculo ver salir el sol sobre el Tiberíades! El agua brilla con mil reflejos y se transforma en una inmensa plataforma de plata. Las montañas se perfilan a lo lejos contra el cielo. Todo envuelto en un ambiente que raya con lo irreal. Es como si el sol pidiese permiso para iluminar la tierra que pisó Cristo.

La carretera bordea el lago hasta llegar a Tiberíades, ciudad antiquísima y cargada de historia que ha quedado esculpida en piedra entre las ruinas de los hititas, que se ven en una pequeña colina, hasta las viejas termas de Tiberio, emperador de Roma, que dio su nombre al lugar. De Tiberíades se habla en la Biblia —concretamente, en el libro de Josué— con otro nombre, Kenneret, que significa «cítara» y que se refiere a la forma que tiene el lago. Es el mismo que figura en un documento de Amenofis IV en el siglo XIV a.C. En el Evangelio sólo aparece una vez. Después de la destrucción del templo, fue un foco espiritual del judaísmo en los períodos romano y bizantino. Esta ciudad es hoy un centro de comercio y de turismo, a causa del atractivo de su clima y de su situación. Pero, por encima de todo, sigue siendo un pequeño puerto de pescadores.

En esa misma orilla, junto a la carretera, nos encontramos con la iglesia de San Pedro, posiblemente construida por los cruzados en el siglo XII en un descampado, aunque hoy está medio escondida entre casas. El padre Cortés, un franciscano de ochenta y dos años, que lleva más de cuarenta en Tierra Santa, se alegra de volver a explicar lo que encierra esta parcela de los Lugares Santos que él custodia. Es hombre de fe, piadoso, de los que valoran lo que supone mostrar a quien se le acerca la grandeza y la verdad que encierra esta tierra. La iglesia es pobre. Un mosaico en el ábside del altar mayor reproduce la barca de Pedro, que en la proa lleva su apellido: *Bar-jona*, hijo de Juan. Una inscripción a la izquierda dice: *ubi Petrus ibi Ecclesia* («donde está Pedro allí está la Iglesia»). Fuera, presidiendo el atrio, se encuentra una estatua en bronce del apóstol, copia exacta de la que se venera en la basílica de Roma.

Salimos al muelle. Quiere enseñarnos que también el exterior de la iglesia tiene la forma de proa, pero sobre todo quiere hablarnos del paisaje y de la historia de este suelo que pisamos, y de otros lugares del lago que vamos a visitar. Nos cuenta, en su empeño por hacer comprender a quien le escucha la veracidad comprobada y fidedigna del Evangelio, que ese mar que ahora contemplamos en calma absoluta, por las condiciones climatológicas de este lugar, se revuelve varias veces al año. Las tormentas que se desencadenan son tremendas, reflejo exacto de las tempestades que nos describen los evangelistas. Las olas de ese lago se encrespan y pasan por encima de la carretera hasta el lugar donde nos encontramos. Los relatos del Evangelio se producen en la naturaleza de forma exacta. Todo lo que ha llegado hasta nosotros es una verdad incontestable.

Frente a nosotros hay dos barcas varadas. Son barcas pobres, barcas sin más adjetivos; barcas de hombres rudos que, como los amigos de Jesús y muchos de sus discípulos, viven de las faenas de la mar. Otras barcas vuelven a la orilla después de haber bregado toda la noche. Dos hombres curtidos de aire y sol atracan una de ellas en el muelle. Vuelven contentos con la barca cargada de peces grandes, propios de estas aguas. Se llaman «peces de san Pedro», uno de los platos típicos de esta región.

Vamos desde allí a lo alto de un monte para ver el cuadro completo. Es muy evocador contemplar este pequeño gran mar de uno a otro extremo, desde Degania a Cafarnaún. Un buen plano de carretera y nuestros guías nos sitúan perfectamente. El lago, que ya en tiempos de Jesús se llamó mar de Galilea, tiene veintiún kilómetros de largo. La zona más ancha no pasa de doce. La superficie está a doscientos metros por debajo del nivel del mar y su profundidad media es de cincuenta metros. Esta situación hace del Tiberíades un mar cálido que, incluso en invierno, llega a tener treinta y tres grados de temperatura. La vegetación de las orillas es tropical. A nuestra derecha, están las alturas del Golán, que hacen frontera con Siria. Los recuerdos del Evangelio se concentran en la ribera occidental, más intensos cuanto más al norte; la zona que va desde Tabga hasta la desembocadura del Jordán es la que muchos llaman «la tierra de Jesús». Acabamos pronto el recorrido aéreo, desde lo alto del monte, que nos permite situarnos para recorrerlo con calma, sin prisa, reconstruyendo aquellos días en los que Jesús iba y venía, una y otra vez, incansable, por estos mismos lugares.

Pasada la ciudad de Tiberíades está Magdala, que actualmente es un trozo de tierra desierto y abandonado, con alguna ruina de aquella ciudad, importante durante el período romano, muy conocida por su industria pesquera. Es la patria de María Magdalena, aquella mujer que supo amar de forma definitiva porque, en su vida vacía, sin sentido, tropezó con Dios y le amó hasta el punto de que fue, junto a la Virgen y san Juan, testigo de la muerte de Cristo en la cruz. A ella se le apareció Jesús resucitado y le dio el encargo de ir a contárselo a los apóstoles: «Ve a mis hermanos y diles: "Subo a mi Padre y a vuestro Padre, a mi Dios y a vuestro Dios"» (Juan 20,17). Esta mujer de gran corazón fue, por encargo expreso del Maestro, la primera persona que lanzó al mundo el pregón pascual que hoy se repite de un polo a otro de la Tierra en la vigilia del Sábado Santo.

Muy cerca, se halla Betsaida, cuna de apóstoles, con rumor de llamadas y respuestas entre las piedras de la orilla. Pedro y Andrés, su hermano, nacieron y vivieron allí, según todas las fuentes.

Enseguida, un poco en alto, se encuentra Tabga, donde se venera el milagro de la multiplicación de los panes y los peces. Los padres benedictinos, alemanes, han reconstruido la basílica que existía en aquel mismo lugar en el que Jesús realizó dicho milagro para dar de comer a la multitud que le seguía. Preciosa escena que demuestra la gran humanidad de Cristo, que «al desembarcar en esta orilla vio a mucha gente y se compadeció de ellos porque andaban como ovejas sin pastor y se puso a enseñarles». Era ya muy tarde, sigue relatando san Marcos, cuando los discípulos le dijeron que «el lugar es solitario y muy avanzada la hora. Despídelos para que vayan a las aldeas y pueblos del contorno y compren algo de comer» (Marcos 6, 34-36). Es incluso divertido imaginar el susto y el asombro de aquellos hombres, buenos pero rudos, al escuchar la propuesta de Jesús, que les dice, con autoridad: «Dadles vosotros de comer.» ¡Qué lógica su respuesta protestando y haciendo cálculos de los denarios que necesitaban para comprar un poco de pan para cada uno! Jesús, sin inmutarse, les sugiere, como hará a lo largo de los siglos en su forma de animar a los hombres a grandes aventuras, que pongan a su servicio lo poco que tienen. Él, con su omnipotencia divina, hará el resto. La clave del milagro está en que los apóstoles confiaron en la palabra y en el poder de Dios y pidieron a un chaval de los que estaban en los alrededores los cinco panes y los tres peces que llevaba en su saco. Jesús, entretanto, les ordenó sentarse, «por grupos de cien y de cincuenta», según aclara el Evangelio. Y, mientras se organizaban, miró al cielo y bendijo los panes y los peces, que, con su poder divino, se multiplicaron, y empezó a repartirlos. «Comieron todos hasta saciarse» (Marcos 6, 40 y 42). El testimonio que ha llegado hasta nosotros nos dice que pudieron comer cinco mil hombres y con los trozos que sobraron llenaron doce canastos. Magnanimidad de un Dios que «sintió lástima de la muchedumbre que llevaba tres días sin comer» (Marcos 6, 34). Junto a ello no podemos pasar por alto la lección de ese mismo Dios, que no quiere que se desperdicie lo que no se ha utilizado y manda que lo recojan en cestos. Tampoco quiere que queden restos en la naturaleza, de una gran belleza en aquella ladera del monte, cubierta de hierba en primavera, con el azul del mar fundiéndose con el cielo como fondo. ¡No son los hombres del siglo XXI quienes han descubierto la ecología! ¡Dios mismo, el Creador del universo, nos enseñó, de forma práctica, el cuidado de todos los detalles!

Unos mosaicos del siglo V, perfectamente conservados, reproducen la fauna y la flora del lago; adornando los panes y los peces, hacen presente el milagro que es, al mismo tiempo, símbolo de la Eucaristía con la que el mismo Cristo alimenta a quienes le siguen a lo largo de la Historia. San Juan, al relatar este episodio, lo presenta como preparación para el anuncio del Misterio que iba a hacer al día siguiente en Cafarnaún.

Muy cerca, a pocos metros, una pequeña capilla, la del primado de Pedro, conmemora el lugar donde Jesús se apareció a algunos de sus apóstoles después de la Resurrección. Volvían hundidos, al amanecer, después de una noche entera de pesca sin haber conseguido una sola pieza. Se encuentran al Señor, que, desde la orilla, les pregunta si tienen algo de comer. Sin reconocerle, le contestan muy fastidiados que no llevaban nada. ¡Qué asombro al escucharle, ellos, los pescadores curtidos y expertos, que si echaban la red a la derecha, encontrarían algo! Lo asombroso es que lo hicieron, ¡y no podían arrastrar la red por la gran cantidad de peces que habían cogido! Aquello les encendió una luz en la cabeza y en el alma: «Es el Señor», y se apresuraron a alcanzar la orilla, donde Él les esperaba con unas brasas encendidas, un pez y pan. «Venid y comed», les dijo (Juan 21, 7 y 12). ¡Maravillosa simbiosis, una vez más, de humanidad y divinidad, que tan bien conocían después de tres años de convivencia, de escuchar sus enseñanzas y de aprender con su ejemplo! Por eso Pedro ya estaba preparado, pese a su triple negación, para recibir el primado de la Iglesia. Allí está la piedra sobre la que Jesús, después de preguntarle tres veces: «¿Me amas más que éstos?», cuando escuchó su confesión humilde, sin arrogancia, consciente ya de sus limitaciones, contesta con esa frase que ha quedado eternizada en este paraje y en la vida de la Iglesia: «Señor, Tú lo sabes todo, Tú sabes que te quiero.» Se escucha en ese momento la respuesta de Cristo, que llevaba implícita la más profunda y singular misión que Dios haya confiado a un hombre: «Apacienta mis ovejas» (Juan 21, 15-19), para terminar diciéndole: «Tú eres Pedro y sobre esta piedra edificaré mi Iglesia» (Mateo 16, 18). La grandeza de aquella hora fue el principio de una historia que dura hasta hoy: el encargo de ser el vicario de Cristo en la Tierra quedó sellado para siempre en la orilla de este mar. Unas piedras (en las que se amarraban los barcos que volvían de la pesca) y el resto de los apóstoles fueron los testigos de uno de los momentos más trascendentes de la historia del cristianismo. Este mar y este paisaje sereno certifican que la promesa de Jesús —al confiar a Pedro su Iglesia— de que «las puertas del infierno no prevalecerán contra ella» (Mateo 16, 18) es otro milagro que se repite a lo largo de los siglos.

EL MONTE DE LAS BIENAVENTURANZAS

Después de esas pausas necesarias para asimilar la riqueza del mensaje que nos transmite este lugar, sin ninguna pretensión, pero cargado de historia, llegamos a otro sitio excepcional: el monte de las Bienaventuranzas, que está en el centro de la orilla occidental del lago. Hay que subir unos metros o quizás llegue a un kilómetro, para entrar a un recinto donde hay una hospedería. Un poco más abajo, en la pendiente del monte, una iglesia de construcción moderna corta el panorama. Un cartel en la entrada dice: «lugar santo». En aquel monte, de acuerdo con lo que nos relatan Mateo y Lucas, se encontró Jesús rodeado de nuevo por la muchedumbre, a la que mandó sentar sobre la hierba. Hay, efectivamente, una pendiente suave que acaba en el mar y zonas verdes que alternan con tierras cultivadas. La escena se puede reproducir al detalle: Jesús en lo alto; a sus pies, hombres y mujeres absortos escuchando al Maestro, que lanza al mundo uno de los grandes desafíos evangélicos que ha quedado eternizado con el nombre de «sermón de la Montaña». Lección magistral que, empezando por las ocho bienaventuranzas, resume los puntos fundamentales de la Ley Antigua, renovada por la luz de Cristo. Es el choque frontal entre lo que se ofrece a los hombres, desde que el mundo es mundo, como objetivo máximo de felicidad y de plenitud (riqueza, poder, dominio, placeres de todo tipo), con lo que este hombre propone como la máxima conquista, a la que anima a quienes quieren hacer de su vida algo valioso que tendrá su continuación más allá de la muerte. En las paredes octogonales de la iglesia que se levanta frente al mar, aparecen las ocho frases que han revolucionado el mundo, las que pronunció Jesús con aquella voz fuerte que sacudió y sacude a quienes quieren escuchar su programa: bienaventurados los pobres de espíritu, los que sufren, los perseguidos por la justicia, los que lloran, los limpios de corazón «porque de ellos será el reino de los cielos» (Mateo 5, 3).

Un viento fuerte limpia el horizonte, que es nítido, de una pureza absoluta. Aquí se pueden pasar horas y me atrevo a decir que resulta fácil imaginar cómo aquellos hombres sencillos quedaban extasiados al escuchar de su fuente más genuina las raíces y el verdadero contenido del cristianismo. Y se entiende que, para hacerlo vida, hay que ser sencillos, dejando a un lado las complicaciones de un mundo violento, complejo y materialista.

Desde la altura se domina el lago y se sitúan otros puntos hasta reconstruir lo que se ha llamado «el Evangelio del mar». Leyendo los distintos pasajes que tuvieron esta tierra como escenario, el alma sigue el ritmo con el que Jesús y sus apóstoles, unas veces por mar, otras por tierra, iban de una a otra orilla, de ciudad en ciudad, sin tiempo material para comer ni para dormir. Los Evangelios, al narrar la historia de aquellos tres años, han dejado constancia de las horas que Cristo dedicó a la oración, solo, escondido de las masas que le seguían desde la puesta del sol hasta su salida. Otras noches se dedicaban a pescar. Otras paseaban por la orilla del lago. Tierra y mar que a Jesús se le quedaban pequeñas de tanto como las recorrió y que nos hablan de su talla humana, de su fortaleza, de su empeño por llevar su cometido hasta el final.

Al pie del monte de las Bienaventuranzas, el camino que recorre la orilla está repleto de nombres con reminiscencias de su andar terreno. Quedan pocos recuerdos materiales y los que hay resultan pobres para hacernos llegar la grandeza de lo que ocurrió por aquellos parajes. Es imposible plasmar en una construcción la magnitud del mensaje y de la vida que tuvo como escenario esta orilla del mar. Al recorrerla con calma, pienso que aquí se ha cumplido al máximo la profecía de Jesús, porque los hombres, incapaces tantas veces de proclamar las maravillas de Dios, han dejado paso a la naturaleza, a las piedras, para que ella los sustituya en la tarea de desvelarnos, en el silencio de la tarde, una larga e intensa historia de amor, cargada de matices por descubrir. Son piedras volcánicas, de caliza blanca y basalto negro, redondeadas y pulidas por el agua, brillantes de tanta luz. Aquí, de nuevo, el alma calla, contempla y se estremece, incapaz de expresar lo que se siente al evocar tantos recuerdos que aparecen uno tras otro. Pero hay que ponerse en marcha si queremos visitar distintos lugares.

Vamos hacia Cafarnaún, la ciudad que puede considerarse como la patria adoptiva de Jesús, hasta tal punto que, en una puerta de entrada al recinto en el que se guardan los restos arqueológicos más antiguos, reza un rótulo: *Cafarnaun, the Town of Jesus*. Una pared de buganvilla rodea estas palabras con sus colores brillantes. Alguien llamó a esta ciudad la capital del Evangelio de Galilea. Es una ciudad casi exclusivamente judía situada en una región —la Galilea de los gentiles— inmersa en el paganismo.

Era, en aquella época, una ciudad importante, centro del comercio y de la vida del país, y en ella encontró Jesús a buena parte de sus discípulos: Santiago y Juan, los hijos de Zebedeo; Simón Pedro y su hermano Andrés, que eran de Betsaida pero que residían en esta parte del mar; también estaba allí Mateo, el publicano, que trabajaba como recaudador de impuestos cuando Jesús lo llamó para que le siguiese.

Entre árboles, muy cerca del mar, surgen las ruinas de la sinagoga del siglo II d.C: capiteles jónicos y columnas romanas que fueron reconstruidas en el mismo lugar de la sinagoga que frecuentó Jesús y que se encuentran, posiblemente, junto a muchas ruinas de la primitiva. Una vez más, en la quietud de la tarde, se llega a reproducir una historia portentosa entre las piedras que un día escucharon a Cristo. Junto a ellas, están las excavaciones que se llevaron a cabo para encontrar la casa de Pedro, donde es muy probable que viviese Jesús cuando se quedaba unos días en esta ciudad. Los franciscanos, que tienen aquí un convento, han liderado el trabajo arqueológico, que les ha llevado a resultados importantes y a datos precisos tanto de la sinagoga como del resto de aquella ciudad. Uno de los frailes nos explica con mucho detalle lo que la casa de Simón Pedro fue desde los primeros siglos para la comunidad cristiana. Fue el propio Jesús quien la escogió como su hogar cada vez que se quedaba en Cafarnaún. Hay varios pasajes del Evangelio que lo citan de forma expresa. «Al salir de la sinagoga, Jesús se fue inmediatamente a casa de Simón y de Andrés, con Santiago y Juan. La suegra de Simón estaba en cama con fiebre. Le hablaron de ella y él se acercó, la cogió de la mano y la levantó. La fiebre le desapareció» (Lucas 4, 38-40), nos cuenta el Evangelio, en medio de un relato en el que, de nuevo, los detalles de la vida cotidiana se entremezclan con hechos extraordinarios. «Al atardecer, cuando ya se había puesto el sol, le llevaron a todos los enfermos y endemoniados.» La historia acabó con la curación de cantidad de «enfermos de muchos males y expulsó a muchos demonios» (Lucas 4, 41). ¿Cómo no se iba a venerar una casa donde se habían vivido escenas propias de una familia muy acogedora, a la que iban a vivir todos los amigos de Pedro, junto a tantos hechos espectaculares y milagrosos? Los arqueólogos han trabajado a lo largo de los años hasta explicar exactamente cómo era lo que desde los primeros tiempos de la era cristiana se llamaba «la casa de Jesús». Esta casa, que hoy ha sido convertida en una iglesia muy moderna (construida sobre las ruinas, que se ven desde la base del templo a través de un cristal), estaba treinta metros al sur de la sinagoga. Era grande, con muchas habitaciones que daban a un patio amplio. Allí vivían tres familias: la de Pedro, la de su hermano Andrés y la de su suegra. Todo indica que era un punto de reunión de los seguidores de Jesús, pues «la ciudad entera se agolpaba ante la puerta» (Marcos 1, 33).

Todo nos sitúa en los sucesos que tuvieron a este entorno como protagonista y que fueron relatados por Marcos, Lucas, Mateo y, mejor que ninguno, por Juan: milagros importantes, insólitos, como el paralítico de la camilla al que descienden por el tejado de la casa para dejarlo a los pies del Maestro; la mujer que se siente curada con sólo tocar la orla de su vestido; el poseso de la sinagoga; la hija de Jairo a la que Jesús resucitó diciendo, con su firmeza y seguridad habitual, que «la niña no está muerta, sino dormida»; el criado del centurión curado por el arranque de fe y de confianza de aquel hombre que provoca una alabanza inolvidable de labios de Jesús.

Pero lo que más emociona aquí es leer el capítulo 6 de san Juan, en este lugar donde el Señor hizo el primer anuncio de la Eucaristía, muy cerca de la ribera del mar, donde los árboles proyectan una luz tenue cuando el sol empieza a declinar. No cabe la menor duda de que Jesús eligió este sitio, con una carga innegable de poesía, para pronunciar unas palabras llenas de misterio, que encerraban las más insospechadas promesas de amor y de entrega jamás pensadas: «Yo soy el pan vivo bajado del cielo. Si alguno come de este pan vivirá eternamente; y el pan que yo le daré es mi carne para la vida del mundo» (Juan 6, 51). Los que le seguían no le entendieron y, asustados, salieron corriendo. Al ver la deserción de tantos, Jesús les preguntó a sus íntimos, los apóstoles: «¿Queréis marcharos también vosotros?» (Juan 6, 67). ¡Qué claro nos dejó siempre Jesús que Dios respeta la libertad como el gran don que Él mismo ha otorgado a los hombres! Quiere que le sigan personas libres, llenas —eso sí— de un profundo sentido de responsabilidad. Pedro, que sin duda tampoco entendía el sentido de aquellas palabras, pero que quería a Jesús y creía en Él, contestó de forma vehemente, muy de acuerdo con su carácter directo: «¿A quién iremos? Tú tienes palabras de vida eterna» (Juan 6, 68). Es el mismo Pedro que se convertiría en la piedra angular, firme, de la Iglesia, como se recuerda a pocos kilómetros: un edificio, sobre una roca, nos recuerda que el pescador de Galilea es el fundamento de la Iglesia. Levantado sobre un pequeño promontorio, se venera allí el lugar que presenció la escena, descrita por Juan después de la Resurrección, que acaba con la concesión del primado a este apóstol. La iglesia, bañada día y noche por las aguas de este mar donde Simón, el pescador, recibió el título de «pescador de hombres», se conoce precisamente con este nombre: la iglesia del Primado.

Unas piedras toscas, con forma de corazón, rematan uno de los flancos de la orilla. La tradición asegura que allí amarraban las barcas los apóstoles. Es posible. Y es posible que sea una leyenda. Pero si no fueron esas mismas que vemos, serían otras muy parecidas en las que un día, llenos de generosidad, al oír la invitación de Jesús, aquellos pescadores dejaron las barcas y todo lo que tenían para seguir al Maestro. Hay hierba en los alrededores. Mucha paz… ¡Qué bien le oirían desde allí a Jesús las muchedumbres venidas de lejos para escucharle! Eran tantos que tenía que subirse a una barca un poco apartada de la orilla. Se comprende que, al atardecer, con la brisa fresca de la noche, pensando que aquella multitud que le seguía desde hacía tres días, sin comer, iba a volver desfallecida a su casa, Jesús hiciera el milagro de multiplicar los panes y los peces para darles de comer.

Cada recodo del camino tiene reminiscencias evangélicas. Cada molécula de aire, cada gota de agua, cada trozo mínimo de este paisaje está repleto de algo íntimo, sugestivo y profundo. Esta tierra es la que tuvo Jesús muy dentro del corazón en los años que compartió con los hombres. ¡La Galilea de los gentiles, qué belleza encierra! Es emocionante descubrirla, teniendo clara la idea de que es imposible abarcar todo lo que encierra esa convivencia de Dios con nuestra condición humana.

Capítulo 8
El monte de los Olivos y Sión

Yo he constituido mi reino sobre Sión, mi monte santo.

SALMO 146.

Por la mañana, muy temprano, iniciamos un nuevo recorrido de los alrededores de Jerusalén. Muchos de sus puntos clave están fuera del ámbito de la muralla que rodea la ciudad antigua, reconstruida después de la destrucción por los romanos en el año 70. Se hacen insustituibles las horas del amanecer, llenas de silencio y soledad, que tanto ayudan a penetrar en los misterios que, hace dos mil años, tuvieron a esta tierra por escenario.

Iniciamos el trayecto por la parte baja del monte de los Olivos, situado «al otro lado del torrente Cedrón» (Juan 18, 1), frente a la parte sur de Jerusalén. Estamos en el huerto de Getsemaní.

¡Qué pronto se acostumbra uno a manejar estos nombres que suenan a reliquia, cuando, por vez primera, se pronuncian sobre el terreno! A pesar de esta limitación tan humana, la emoción crece al máximo al cruzar la verja que da acceso al jardín acotado por los franciscanos (que, como se sabe, son, junto a otros religiosos que han recibido este encargo, los custodios de los Santos Lugares).

Varios olivos viejos, milenarios, medio deshechos por el paso de los años, flanquean el edificio. La tradición asegura que alguno de ellos tiene dos mil quinientos años. El resto son retoños de los que presenciaron la agonía de Cristo. Los entendidos aseguran que esta especie es así de longeva, aunque de nuevo se comprueba que el dato concreto es irrelevante. Estamos en la «iglesia de todas las Naciones». Fue construida en 1920 por el arquitecto Barluzzi, con regalos de las distintas naciones cristianas, sobre las ruinas de otra basílica, edificada en este mismo lugar, que se veneraba desde los primeros siglos del cristianismo y que había sido destruida en las sucesivas invasiones. Es otra buena muestra del proceso de adoración y de destrucción que se repite en cada uno de los lugares más santos de esta tierra. De la basílica primitiva quedan restos de algunos mosaicos antiguos que tienen un interés escaso. Es el sitio y el ambiente lo que conmueve. Basta con abrir el Evangelio y leer la escena que tuvo lugar en este paraje inhóspito, a pesar de las flores que hoy cubren la pared del convento vecino.

Entramos. La iglesia es oscura, lúgubre. Unas vidrieras moradas dan un tono violáceo al ambiente. Yo diría que todo trata de hacernos vivir la tristeza mortal que Jesús vivió aquella noche del Jueves al Viernes Santo. El altar mayor está situado en «la roca de la agonía», conservada en el presbiterio. Sobre este peñasco desnudo, está edificado el templo. En el momento en que llegamos se está celebrando la santa misa. Al fondo, el ábside principal está recubierto por mosaicos que representan distintas escenas del Evangelio. A la derecha hay otro altar levantado sobre la roca en la que Jesús dejó a Pedro, a Santiago y a Juan. A la izquierda, un mosaico del prendimiento. La arquitectura queda desdibujada porque lo importante aquí, lo que reclama la atención de forma intensa, es la roca áspera, dura, agreste, en la que todo un Dios sufrió en su humanidad hasta el extremo de sudar sangre. Sólo asistimos a misa cinco personas: dos con rasgos orientales, quizás vietnamitas; el resto, europeos. Nos situamos en la balaustrada de mármol que rodea la roca. Quedamos a pocos metros de esa piedra. ¡Qué fuerza adquiere el sacrificio de la misa renovado sobre el lugar en el que Cristo aceptó la Pasión que le esperaba, en un acto de amor y de entrega sobrehumanos! Sobre la pared se lee la frase que recoge san Mateo: «Padre, si no es posible que esto pase sin que yo lo beba, hágase tu voluntad» (Mateo, 26, 42), realidad incomprensible y misteriosa del dolor y del temor por el que pasó la persona de Dios hecho hombre al aceptar, con plena conciencia y absoluta libertad, la Pasión trágica que iba a sufrir por salvar a la humanidad.

Cuesta, al salir, hacerse otra vez a la luz y al aire. Y cuesta seguir viviendo, como si nada hubiera ocurrido, después de vivir intensamente lo que allí ocurrió. Este contraste es sin duda lo que más sacude en Israel: el compaginar la emoción que se acumula en el alma, con el rodar del mundo, frío, indiferente, que discurre por otros derroteros.

Antes de subir hacia la cumbre del monte visitamos la iglesia de la Asunción, que está al fondo del torrente, a la izquierda de la carretera, y que es conocida, desde muy antiguo, como «la tumba de María».

En los Hechos de los Apóstoles (Hechos 1, 14) se habla de la Virgen por última vez, cuando nos dice san Lucas que los apóstoles «se reunían en el Cenáculo con María, la Madre de Jesús».

Un libro apócrifo de los primeros siglos de nuestra era, *El tránsito de la Virgen* o *La Dormición*, habla de la muerte y de la Asunción de María al cielo. Un hecho que ya se veneraba por parte de los primeros cristianos que creyeron, desde siempre, que la Madre de Dios tenía que estar en el cielo en cuerpo y alma, sin esperar a la resurrección universal.

En 1950 el papa Pío XII proclamó esta verdad, aceptada por el pueblo fiel como dogma de fe, con aquella fórmula: «Finalmente la Virgen Inmaculada, preservada libre de toda mancha de pecado original, terminado el curso de su vida en la tierra, fue llevada a la gloria del cielo y elevada al trono por el Señor como reina del universo, para ser conformada más plenamente a su Hijo, Señor de los Señores y vencedor del pecado y de la muerte» (*Catecismo de la Iglesia católica*, punto 966).

En aquel documento apócrifo, lleno de elementos simbólicos, de los primeros judeocristianos, se explica que en este lugar había culto ya en el siglo II. Pronto se construyó una iglesia, en el mismo sitio donde, excavada en una roca, se conserva la tumba en la que reposó el cuerpo de la Virgen hasta que fue elevada al cielo. La misma cripta, que se sigue visitando, está protegida por un cristal de la piedad de los fieles que, llenos de cariño pero con poco sentido histórico, iban llevándose como recuerdo un trocito de roca. En esta pequeña cámara sepulcral, de 1,50 por 1,80 m, excavada en la roca, se venera la tumba vacía en la que reposó el cuerpo de María, rodeada de velas, iconos y, sobre todo, de fieles de distintos orígenes que vuelcan su devoción y su amor a la Virgen en aquel nicho donde un día estuvo María, antes de subir al cielo. Hace siglos que el 15 de agosto, fiesta de la Asunción de la Virgen, es celebrado con enorme solemnidad en esta iglesia. Una vez más, nos encontramos con que, tras el consabido proceso de destrucciones y reconstrucciones, la iglesia está hoy en manos de los griegos ortodoxos y armenios, que se reparten la custodia del santuario y los horarios de culto.

Al fondo de la explanada se abre una fachada sobria de

la época de los cruzados, con un gran arco y arquivolta de tres molduras, de cada una de las cuales arrancan distintas columnas. Es la puerta de entrada a la iglesia, a la que se accede por una escalera ancha y larga que baja hasta el atrio. Hay que seguir bajando, hasta la cripta subterránea, por un tramo oscuro más estrecho, recargado de incienso y ennegrecido por el humo de lámparas votivas. Pared por medio, en el lado opuesto de la misma roca, está el huerto del prendimiento en el monte de los Olivos. Aquí trajeron a María los discípulos de Jesús, cuando fueron conscientes de su muerte. Ya en el siglo II se levantó una iglesia en su recuerdo, destruida muy pronto por los persas. Sin embargo, los primeros cristianos, seguros de que aquél era el lugar de la Asunción, instalaron un altar pobre, sin más pretensiones que la de perpetuar la marcha de la Virgen al cielo. Sin otros medios mejores, lo hicieron sobre aquella pared rocosa. Ningún testimonio aseguraba la autenticidad del lugar, pero tampoco la negaban, hasta que en el año 1972 una crecida del torrente Cedrón inundó esta gruta y destruyó parte de la roca en la que estaba el altar improvisado: cuando bajaron las aguas, se encontraron con que, efectivamente, allí estaba localizada la tumba de la Virgen, rodeada de inscripciones de los cristianos del siglo I y II que acudían a este rincón del huerto a rezar en su compañía, como lo habían hecho durante su vida.

Cuando salimos al exterior, los guías, expertos en la localización exacta de lugares santos, me aclaran que ésa es la razón de un pequeño altar que se conserva en la parte de la gruta del prendimiento, a la altura de la tumba de la Virgen.

HACIA LA CUMBRE DE LA ASCENSIÓN

Con el recuerdo imborrable de lo que allí ocurrió, sin acabar de asimilar el gran impacto de Getsemaní, seguimos nuestro itinerario. Tres puntos exigen nuestra atención en el monte de los Olivos. Sin pronunciar palabra, vamos subiendo por un camino de tierra. La escalada es corta y la naturaleza es elocuente, pese al transcurrir de los siglos. Hemos llegado al lugar conocido como el *Dominus Flevit* («el Señor lloró»): un templete de construcción moderna levantado para conmemorar el punto en el que Jesús lloró anunciando la destrucción de Jerusalén. La vista desde este observatorio es fabulosa. Tras la hondonada del torrente Cedrón, la ciudad de Jerusalén, bañada por la luz de Oriente —no en vano la llaman «la ciudad de oro»—, aparece desplegada a nuestros pies. Es natural recordar las imágenes de la «gallina acogiendo a los polluelos bajo sus alas» que empleó Jesús al mirarla. Se comprende que un hombre, un judío, con la sensibilidad de Cristo, enamorado de la belleza de la Creación —en el último día de ésta: «Vio Dios cuanto había hecho y todo estaba muy bien» (Génesis 1, 31)—, llorase al considerar que de aquella ciudad no quedaría «piedra sobre piedra», como castigo a su infidelidad.

Se impone hacer un recorrido por la historia desde este punto privilegiado. Tres mil años atrás, David, el primer rey de Israel, instaló la capital del reino en Jerusalén, exactamente en la parte sur de la ciudad antigua, sobre el torrente Cedrón, que se convirtió en centro histórico espiritual y nacional del pueblo judío.

Desde la altura se divisa la explanada vacía del templo de Salomón, construido no lejos de su palacio. No resulta difícil imaginar, casi de forma virtual, el otro templo, el de Herodes, más cercano y conocido. Desde este observatorio se completa la impresión del recorrido que ya hemos hecho a pie. Ahí se puede uno imaginar perfectamente el templo al que Jesús acudió en brazos de su Madre, para ser presentado al Sumo Sacerdote, al poco tiempo de nacer; allí volvió en muchas ocasiones, con palabras de perdón unas veces, con frases sorprendentes otras, interpretando la Escrituras a la edad de doce años, o con un látigo en la mano haciendo valer los derechos de Dios: «Mi casa será llamada casa de oración, pero vosotros la estáis haciendo una cueva de ladrones» (Mateo 21, 13).

En el centro, la gran mezquita de Omar, o de la Roca, con su enorme cúpula dorada, es la dueña y señora del espacio. Algunos cipreses añaden un bello contraste al cuadro. Olivos que arrancan del punto en el que estamos, trepan por la siguiente subida. Lo que realmente hay, llenando por completo ese gran espacio, es una enorme explanada, vacía de elementos visibles, pero cargada de enseñanzas y de recuerdos. El templo de Jerusalén quedó arrasado, pero nada ha logrado desplazarlo. En línea recta nos lleva a lo que preside hoy el barrio cristiano: dos cúpulas grises de escaso valor material, las de la basílica del Santo Sepulcro, que conserva el testimonio vivo de la Resurrección.

La Jerusalén de hoy no es como la de hace dos mil años. Es natural. Sólo las ciudades muertas se conservan incólumes y ésta no ha dejado de vivir febrilmente. Ha cambiado de dueños casi cada siglo. Ha sufrido saqueos, robos, destrucciones sistemáticas, fanatismos, éxodos de habitantes. También ha conocido épocas de gloria.

Resulta asombroso encontrar todavía, después de tres mil

años, la configuración de la ciudad antigua, o, por lo menos, muchos de sus rasgos inconfundibles. Lo que queda de la muralla es uno de los restos más valiosos. La parte que bordea la zona que mira al Oriente, obra de Solimán II el Magnífico, fue levantada en el siglo XVI sobre los cimientos de la antigua muralla de Herodes. La mayoría de los bloques de piedra provienen de la construcción primitiva. Junto a estos datos arqueológicos de gran interés, se da un hecho fundamental: la configuración del terreno ha obligado a reproducir la situación casi exacta de lo que fue la ciudad antigua. El contorno de Jerusalén está determinado por dos plegamientos gigantescos del terreno: los valles del Cedrón y del Hinnon, dos valles estrechos, pedregosos, hondos, que han forzado a reconstruir la ciudad en una zona concreta del terreno. Sólo por la parte de atrás se ha ampliado, para que el Calvario y el Santo Sepulcro, fuera de la muralla en vida de Cristo, estén hoy en el interior de la ciudad antigua.

A lo lejos se descubren grupos de trabajadores excavando al pie de la muralla. Siguen en su empeño por localizar las ruinas del primer templo. Los judíos, junto a la preocupación por la evolución social y económica de su país, tienen una verdadera pasión por la arqueología y la historia que les otorgan títulos de propiedad sobre esta tierra. En Israel, como en ningún otro país del mundo, las piedras hablan el lenguaje de los siglos.

EL *PADRE NUESTRO* EN 139 LENGUAS

Continuamos hacia la cumbre del monte. Se impone una parada para rememorar otro episodio entrañable recogido en los Evangelios. En una gruta se hacen presentes el lugar y el momento en los que Jesús enseñó a rezar a sus apóstoles y a todos los que vendríamos detrás a lo largo de los siglos. Aquellos hombres, llenos de buena voluntad pero ignorantes (eran unos simples pescadores de Galilea), le piden al final de un día de trabajo: «Señor, enséñanos a orar, como enseñó Juan a sus discípulos» (Lucas 11, 2-4). En este lugar les impartió una lección magistral. La fórmula para dirigirnos a Dios llamándole Padre, y diciéndole, con la sencillez de un hijo, que nos conceda desde lo más sobrehumano, como es el perdón de nuestros pecados y la capacidad de perdonar a quien nos ofende, hasta lo más material y necesario: «el pan de cada día». En un pequeño altar instalado en la roca, se celebra la santa misa en alguna ocasión. El *Padre Nuestro*, rezado en la penumbra, ilumina el mundo y nuestra alma, con la grandeza de aquellas palabras repetidas millones de veces desde aquella hora.

Una iglesia contigua, llamada del Pater Noster, fue levantada en recuerdo de aquel acontecimiento tan fundamental para la vida del cristiano y tiene un claro sentido pedagógico. Los patios de acceso, las arcadas interiores y cada espacio de pared están recubiertos por 139 planchas de mosaico en las que aparece reproducida esta oración en todos los idiomas conocidos. Se van añadiendo dialectos de países y regiones que quieren estar presentes, en este punto neurálgico de la tierra, donde aprendimos, de labios del mismo Dios, que tenemos un Padre en los cielos a quien adoramos, a quien confiamos las necesidades espirituales y materiales y de quien esperamos la gracia que nos llevará a la felicidad eterna. Emociona esta demostración palpable de la universalidad de la fe católica, que repite en más de cien lenguas una oración perfecta, con siete peticiones y una invocación que nos hace tratar a Dios con las mismas palabras pronunciadas por su propio Hijo.

Salimos. Nos rodea un grupo de niños. Hablan árabe, hebreo e inglés. Tienen una mirada penetrante y el aspecto inconfundible de su raza. Se ofrecen para ser nuestros guías. Con una mano nos indican el camino y con la otra nos piden dólares. Rodeados por unos cuantos, llegamos a la cima del monte.

El minarete de la cúpula de la Ascensión guarda el último recuerdo del andar terreno de Jesús. El edificio de planta octogonal está levantado sobre una antigua construcción del siglo IV, restaurada por los cruzados medievales. Sus cimientos descansan sobre la roca original y sobre otros templos antiguos que arrancan de una iglesia del año 376.

No hay culto, no hay inscripciones ni más detalles de piedad y respeto que una vela que nos ofrece el guardián para que la depositemos sobre la piedra que guarda, según la tradición, la huella de un pie del Señor.

El monumento ha pasado a ser propiedad del islam. No se entiende que ocurra así, pero hay que admitirlo, a fuerza de plantearse, una y otra vez, que las piedras son lo de menos. Que son, eso sí, las depositarias de un misterio que, al ser espiritual, nos pertenece a cada uno de nosotros y, por lo tanto, tenemos el deber de custodiarlo. «Id al mundo entero y predicad el Evangelio a toda criatura» (Marcos 16, 15), fueron las últimas palabras del Hijo de Dios antes de subir al cielo.

Desde este alto, antes de llegar a la primera curva, arranca un camino muy antiguo, zona de paso de caravanas que cruza el monte de los Olivos hacia abajo, hacia la vertiente opuesta. Allí se encuentra Betfagé, cercana a Betania, donde, como hemos dicho, Jesús solía visitar a sus amigos Marta, María y Lázaro.

Desde el monte Sión a Getsemaní

El monte Sión será el punto de partida de una tarde que completa el recorrido de los monumentos que rodean la ciudad antigua. Es un nombre de enorme tradición bíblica que los judíos «sionistas» han convertido en símbolo y bandera del movimiento de reconstrucción de su patria y es, a la vez, uno de los lugares más sagrados para los cristianos.

Sión, a setecientos ochenta metros sobre el nivel del mar, es la colina sur occidental de Jerusalén: consiste en una elevación del terreno, calcárea, y está rodeada por el torrente Hinón y, más al este, por el Tiropeón, que avanza hacia el torrente Cedrón. Es la única que en el año 70 se salvó de la destrucción de Tito.

En el Nuevo Testamento, Sión se convierte en símbolo de la Jerusalén celestial. Cuando el templo fue destruido por los romanos, los cristianos aplicaron el nombre, Sión, a esta parte de la ciudad, como sinónimo de monte santo. Aquí ocurrieron una serie de hechos de enorme trascendencia para un cristiano: entre ellos, la institución de la Eucaristía, como acontecimiento más importante. Además, pocos días después de su Resurrección, Jesús se apareció a los discípulos y, en este mismo lugar, el día de Pentecostés, nació la Iglesia, con la venida del Espíritu Santo. Pero este lugar extraordinario lo visitaremos el día de Jueves Santo.

Basílica de la Dormición

Salimos de nuevo al monte Sión. Junto al Cenáculo, hay una abadía benedictina dedicada a la Dormición de la Virgen. El lugar es conmemorativo y esta iglesia sólo pretende recordar y celebrar el tránsito de la Virgen de este mundo al cielo. Pero tampoco es un disparate pensar que la casa donde vivió la Virgen hasta su muerte, sin duda con san Juan, en la primera comunidad cristiana, no estaba lejos del Cenáculo. No falta quienes aseguran que esta casa estaba en el mismo enclave, pero este dato no ha sido probado. En cualquier caso, debió de estar situada por esta misma zona, que fue muy venerada por los primeros cristianos.

La iglesia de la Dormición es moderna. Edificada por los católicos alemanes a principios del siglo XX, sobre las ruinas de una bizantina, es de estilo neorrománico alemán y, sin duda, una de las más cuidadas de Tierra Santa.

En la cripta destaca una imagen yacente de la Virgen, inspirada en los iconos orientales de la dormición. Está rodeada por una barandilla, con seis columnas, que sostienen una pequeña cúpula de mosaico. La adornan seis medallones que reproducen a las seis mujeres de la Biblia, figuras de María. Al fondo, en línea recta con este punto, un altar en un ábside, también de mosaico, conmemora la venida del Espíritu Santo. La Virgen, rodeada por los apóstoles, es el fundamento de la iglesia. En el centro, está la imagen de Cristo en actitud de recibir a su Madre con las palabras bellísimas del Cantar de los Cantares: «Ven, levántate, amada mía, hermosa mía, y ven» (Cantar de los Cantares 2, 10).

Todo invita al silencio, a la contemplación del misterio y a pedir para quienes amamos, para el mundo en general, un final de la vida impregnado por ese mismo sentido de plenitud y de amor. Mirando esta escena se me ocurre que, sin duda, todo el que haya cumplido su misión en la tierra, como María, a partir de aquel: «*Fiat*, ¡hágase en mí según Tu palabra!», pronunciado en Nazaret, escuchará esa misma llamada del Padre Eterno. Es fácil rezar para que sea así, confiando esta inmensa suerte a quien es la omnipotencia suplicante, Madre de Dios y madre de los hombres.

Con esa vivencia en el alma, escucho el relato que describe ese último momento de la vida terrena de María. Con el máximo respeto, rayando en el candor, nuestro guía explica que aquí vivió la Virgen con san Juan después de que, desde la cruz, Jesús le dijese al discípulo: «He aquí a tu Madre» (Juan 19, 26). Según sigue relatando el guía, un día, a causa de la pena que tenía María porque su Hijo ya no estaba en la Tierra, ésta cayó desmayada, como muerta. Así estuvo un poco de tiempo hasta que desapareció, porque se fue a los cielos. Nuestro cicerone no acepta que la de la Virgen fuese una muerte como la de cualquier otro ser humano. Su conocimiento se apoya sobre una tradición.

Hacia Getsemaní: una auténtica escala santa

Desde el Cenáculo hay un largo recorrido hasta Getsemaní, el mismo quc hizo Cristo para bajar al monte de los Olivos desde la colina de Sión, en este mismo día del Jueves Santo. Empiezo a caminar. A la derecha, un grupo de árboles envuelve el paisaje y enmarca una vista de gran valor por la cantidad de recuerdos que ofrece. El panorama que se divisa recorre la parte sur de Jerusalén, la colina del Ofel, la confluencia de los torrentes Cedrón, Hinnón y Tiropeón, el monte de los Olivos y el barrio de Siloé. Al fondo, se extiende el desierto de Judea, siempre enmarcando el horizonte.

A nuestros pies, se ve un pequeño poblado de casas árabes: forma cúbica, brochazos de azul en puertas y ventanas... Cerca hay un cementerio judío. Enfrente, al otro lado del Cedrón, se encuentran tres tumbas célebres, verdaderos monumentos funerarios excavados entre la roca del valle de Josafat: la del profeta Zacarías, la de Santiago el Menor y el pilar de Absalón, el hijo rebelde de David. Cerca de la muralla, se halla otro lugar con fuerte resonancia evangélica: el pozo de Siloé, relacionado con el milagro del ciego de nacimiento al que Jesús, después de ponerle barro en los ojos, fabricado con su propia saliva, le mandó lavarse en ese pozo. ¿Alguien se ha preguntado, al leer aquel suceso en el Evangelio, de dónde salió el agua para que aquel pobre hombre pudiese cumplir el mandato del Señor? Sobre el terreno se encuentra la respuesta y la seguridad de comprobar, una vez más, que todo lo que recogen los evangelistas ocurrió en un sitio determinado, que siempre existe. No hay un solo dato improbable. Ahí está ese pozo de Siloé que nos da otra clave de la veracidad de lo que tantas veces hemos leído.

A la derecha, un lugar que estremece, sobre el que se levanta el monasterio griego de San Onofre. Es el campo del Alfarero que, a partir de la traición de Judas, se le llamó «Haceldama», que significa «campo de sangre», porque se compró con las treinta monedas de plata con las que Judas vendió a su Maestro.

Lo más importante de toda esta zona está al aire libre, a pocos pasos. Es un documento arqueológico, perfectamente conservado, sin arreglos ni adornos, tal y como nos gustaría encontrar muchos en Tierra Santa: se trata de una escalinata romana de cuatro o cinco metros de anchura y sesenta y dos metros de longitud, verdadera escala santa, por la que aquella noche de tragedia bajaron los apóstoles con Jesús, desde el Cenáculo, camino del huerto de los olivos. Por ese mismo camino volvió a subir ya prisionero, hasta la casa del Sumo Sacerdote. La luz que pasa entre los árboles da un tono suave al paisaje, un matiz necesario para paliar de algún modo la dureza del recuerdo: con qué dolor en el alma haría Jesús este camino, sólo con once de los doce que Él había elegido. Judas había huido ya, con su traición planeada hasta el mínimo detalle.

Es muy posible que descendiendo por aquella cuesta les abriera su corazón y les dijera que uno de los suyos le iba a entregar, que todos le abandonarían en la hora del peligro. Tremenda realidad para quien había dedicado tres años de su vida a preparar a este grupo de hombres, volcando en ellos su cariño infinito y preparándolos para ser el cimiento de la Iglesia.

San Pedro in Gallicantu

En la mitad del monte Sión, a la derecha de esta escalera romana, una iglesia moderna, edificada —como la gran mayoría— sobre ruinas milenarias, recuerda la escena de las tres negaciones de Pedro. Lo cuenta san Marcos con todo detalle. Después de prender a Jesús en el huerto, le llevan al palacio del Sumo Sacerdote, Caifás, para que éste lo juzgara. Pedro había seguido de lejos al Señor, asustado, con mucho miedo, pese a sus promesas apasionadas de lealtad sin fisuras: «Aunque todos se escandalicen, yo no», palabras pronunciadas pocas horas antes de forma sincera y firme. Jesús le anunció que podía fallar: «Antes de que el gallo cante dos veces, me habrás negado tres» (Marcos 14, 29-31). «¡Jamás!», pensó y dijo a voces aquel pescador curtido en la mar que, envalentonado, había sacado su espada en el huerto dispuesto a enfrentarse a los soldados que venían a detener a Jesús.

Pero una mujer que lo vio en el patio, mientras se calentaba al rescoldo del fuego encendido para paliar el frío de la noche, lo reconoció y le hizo desmoronarse. «Desde luego tú también eres uno de ellos, pues tu habla te descubre» (Mateo 26, 73). El pobre Pedro no soportó la sospecha de aquella mujer, ni sus bromas, ni su insistencia, y juró una y otra vez que no sabía de quién hablaba. Que él jamás había conocido a ese preso... Lo decía temblando, espantado de oír su propia voz, porque el gallo, de inmediato, había vuelto a cantar.

«Y saliéndose fuera, lloró amargamente» (Lucas 22, 61). Las lágrimas y el arrepentimiento salvaron, a quien iba a ser el fundamento de la Iglesia, de la desesperación que, muy cerca de aquel lugar, terminó con la vida de Judas. ¡Impresionante lección para los hombres de todos los tiempos!

En el patio de entrada a esta iglesia hay una estatua muy moderna, bien realizada, que no recoge las negaciones del apóstol, sino su triple confesión de amor, poco tiempo después de la Resurrección, en el mar de Tiberíades. Es un monumento al perdón, que enseña de forma gráfica el núcleo de todo lo que tuvo a esta tierra como escenario: Dios se hizo hombre para salvar a los hombres, no para rechazarlos. «No he venido a llamar a los justos sino a los pecadores» (Mateo 9, 13), dijo en más de una ocasión. Para que nadie piense, en momentos de deslealtad, que lo suyo no tiene remedio.

En la cripta de la iglesia se puede visitar un conjunto de instalaciones: molinos, cisternas y grutas de la época de Cristo. En una de ellas estuvo la prisión donde encerraron a Jesús hasta que le llevaron al juicio del sanedrín. En tiempos de Jesús, esta zona era un barrio residencial de la ciudad, donde había una serie de palacios y casas de los personajes importantes de la época.

Capítulo 9
Semana Santa in situ

Todo está consumado. E inclinando la cabeza, entregó el espíritu.

JUAN 19, 30.

Vamos a la procesión del Domingo de Ramos. Es verdad que aterricé en esta tierra hace una semana y que el mero hecho de pisarla produce un gran impacto. Pero seguir, paso a paso, día a día, lo que ocurrió hace dos mil años en este mismo entorno suena a algo irreal.

Empiezan unos días que nada tienen que ver con lo que he vivido hasta hoy. Ni Sevilla con sus procesiones irrepetibles, con la belleza de sus vírgenes y sus cristos, las cofradías y todas sus tradiciones. O, en otro extremo de nuestra geografía, Valladolid, pura esencia del carácter castellano austero, serio, reservado, que envuelve el misterio en el silencio más riguroso. Una iconografía que expresa sus sentimientos en la belleza clásica de las tallas insuperables de Gregorio Hernández, a las que acompañan por las calles de Valladolid largas filas de cofrades con un recogimiento insondable. Tampoco tiene parangón alguno con las demostraciones de piedad, magnífica expresión de fe, con las que pasean por Murcia las espléndidas esculturas de Salzillo.

Todo palidece frente a lo que supone celebrar, no ya una procesión con su simbolismo y su grandiosidad estética y popular, sino la reproducción, si se puede llamar así, de lo que sucedió aquí, en los primeros años de nuestra era. Porque una de las grandes sacudidas en Israel, aún más en Jerusalén, es que estamos pisando los mismos caminos, respirando el mismo aire, recorriendo idéntica ruta, escuchando el mismo idioma que oyó Jesús en la última semana de su vida en la Tierra. Con ese sentimiento muy difícil, por no decir imposible de transmitir, arrancan unos días santos en esta tierra elegida. Como siempre, el testimonio más auténtico de lo que pasó, sin poner ni quitar una letra, está en el Nuevo Testamento, que resulta la guía más fidedigna para todo este periplo.

Nos cuenta san Marcos que, después de hacer una serie de curaciones milagrosas, se acercó Jesús a Betfagé y a Betania, aldeas cercanas a Jerusalén, junto al monte de los Olivos. Pidió a dos de sus discípulos que fueran a uno de estos pueblos y le trajeran un borriquillo, que estaba atado a un árbol. «Si alguien os dice por qué lo hacéis, responded que el Señor tiene necesidad de él» (Marcos 11, 3).

Con esa aparente normalidad, no exenta de una cierta reserva, se iban a cumplir los planes eternos de ese Dios Hombre que en la víspera de la Pascua, como buen judío, bajó desde su tierra galilea a Jerusalén para celebrar esta gran fiesta ritual con sus conciudadanos. Bien se puede decir que todo empezó en aquel rincón del pueblo, en el que se ha edificado una iglesia donde los franciscanos recuerdan que, además de la entrada triunfal de Jesús en Jerusalén, muy cerca de allí ocurrió un hecho decisivo: la resurrección de Lázaro, que enconó los ánimos de los enemigos de Jesús. El episodio, de enorme importancia, lo recordamos ya en el capítulo 6.

Hay que dar un pequeño salto atrás para retomar el hilo de lo que sucedió el primer Domingo de Ramos de la historia. Porque en esta iglesia de Betfagé, a poca distancia de Betania, que está en la ladera opuesta del monte de los Olivos, en el camino hacia el desierto de Judea, asegura la tradición que estaba el borrico que iba a servir a Jesús de trono para su entrada triunfal en la ciudad, aclamado con cánticos por la multitud que le seguía.

Veinte siglos después, la procesión que conmemora aquellos hechos sigue un camino idéntico. Para huir de anacronismos, se hace el camino a pie. El Patriarca latino de Jerusalén inicia la bajada del monte rodeado por cientos de personas, que cantan, llenos de entusiasmo, todo tipo de *Hosannas* mientras agitan, como antaño, palmas y ramos de olivo. Hay muchos niños árabes cristianos y un puñado de turistas, con cara de sorpresa por lo que ven, entremezclados con quienes viven en estos alrededores. Cruzamos la carretera sobre el torrente Cedrón y entramos a la ciudad antigua por la puerta de los Leones. Hay en la muralla una puerta tapiada, la «Golden Gate», donde se localiza el lugar, bastante exacto, por el que entró Jesús montado en un asno, entre los vítores del pueblo. Los judíos aseguran que esa puerta se abrirá cuando llegue el Mesías para ir a Jerusalén (una coincidencia de ambas creencias que apoya la autenticidad del dato que la tradición ha conservado de padres a hijos).

La puerta de los Leones o de San Esteban, frente a Getsemaní, por donde pasa la procesión, guarda el testimonio del primer mártir cristiano, san Esteban, que fue lapidado en este lugar bajo la mirada de Saulo, que se dedicaba a perseguir a los cristianos hasta que un golpe de gracia lo derribó del caballo y, convertido en Pablo, acabó siendo el gran apóstol de las gentes.

Aquella tarde de domingo el cortejo llegó, como cada año, hasta una iglesia ubicada en el arranque de la ciudad antigua, en pleno barrio árabe. Asegura otra tradición que allí vivieron san Joaquín y santa Ana, los padres de la Virgen, en una pequeña zona que es territorio francés, cuyo Gobierno ha encargado su custodia a los Padres Blancos. En el arco de entrada al templo una inscripción dice: «Aquí nació la Virgen», leyenda piadosa que no se ha probado ni desmentido, pero que lleva a recordar a la Madre de Dios y a sus padres. Así reza una plegaria que han difundido: «Santa Ana, madre de María y abuela de Jesús... ayúdanos a ser buenos padres y abuelos...», tema de gran actualidad en un mundo en el que su papel no puede ser más necesario.

En una plaza amplia, aneja a esta iglesia, el Patriarca dice unas palabras que nos sitúan en el hecho histórico que hoy se conmemora, todo encuadrado en un tono sereno y firme. Recita una petición por la paz, por el cese de las tensiones, como música de fondo. Imparte la bendición de forma muy solemne con el *lignum crucis*, una reliquia auténtica de la cruz en la que murió Jesús. Después de cantar por enésima vez el *Lauda Jerusalén* y el *Hosanna al Hijo de David*, un estallido de alegría popular rompe con todos los esquemas previsibles. Gentes de distintas razas se congregan en una demostración muy impresionante, entre *naif* y profunda. Cientos de personas cantan y bailan en el corazón de Jerusalén, rememorando el arranque de la Semana Santa, con la fuerza y el ánimo de cualquier romería del pueblo más recóndito.

Contemplando aquella escena, es muy fácil reconstruir la que nos narran los Evangelios de lo que le ocurrió a Jesús en una tarde semejante. La gente le aclamaba y echaba al suelo los mantos, a su paso, mientras le decían a gritos: «Bendito el que viene en nombre del Señor» (Marcos 11, 9). ¡Qué contraste con la muchedumbre que, días más tarde, a pocos pasos de este lugar, se desgañitaba, en presencia de Pilatos, con aquel «crucificale»!

Por vez primera en mi viaje, no veo un solo policía. Se respira un clima de entendimiento entre personas de las procedencias más peculiares. Me presentan a una familia de norteamericanos: padre, madre y cinco hijos, que están en uno de los territorios ocupados haciendo tareas de voluntariado entre los palestinos, que apenas pueden moverse de sus ciudades. Ellos entran y salen con su pasaporte y vienen a reafirmar sus creencias de buenos católicos, en este punto de partida del cristianismo. Parecen los protagonistas de *El violinista en el tejado*, vestidos como van de forma inusitada: las mujeres, con faldas largas de tonos apagados y un pañuelo en la cabeza (con alguna reminiscencia del velo musulmán); el padre y los chicos visten con colores grises y ocres, sin llamar la atención. Si algo choca es, precisamente, esa atonía en personas de clara procedencia anglosajona. ¿Por qué están allí? Nadie sabe explicármelo. Quieren integrarse con la población a la que sirven y se han quedado a medio camino entre su país de origen y el que han elegido para vivir. Junto a ellos hay una pareja que llega desde Belén. Están emocionados. Han conseguido un permiso especial y han logrado cruzar el puesto fronterizo —«esperando sólo dos horas», me dicen, como si les hubiese tocado la lotería— para asistir a este acto. Les parece una conquista insólita, y lo es. No se han atrevido a traer a sus tres hijos, todavía pequeños. Lo sienten porque saben que estas celebraciones se les van grabando en el alma y les ayudarán a comprender lo que supone ser uno de los seguidores, en pleno siglo XXI, de aquel Jesús de Nazaret. Me presentan a otra mujer, argentina de nacimiento, judía de raza, que a base de estudiar el Nuevo Testamento comprendió que el Mesías al que esperan tantos y tantos en el mundo es Jesús. Durante unos años perteneció a un grupo de judíos mesiánicos que, como ella, creen que ese Mesías tan esperado ya vino, pero «por miedo al pueblo» y a la incomprensión y rechazo de los suyos, no dieron el paso de bautizarse en la Iglesia católica. Ella apostó por la coherencia y está contenta del paso que ha dado, aunque sabe que tiene que pagar el precio de sentirse marginada entre su propia gente. No se arrepiente. Tiene muy buenos amigos y está convencida de que llegará un día en el que los de su raza encontrarán la verdad y la abrazarán sin trabas.

Al recorrer los distintos grupos se comprueba que lo que diferencia a unos de otros —rasgos de la cara, formas de vestir, lenguas y costumbres— es externo y anecdótico. La razón que les congrega en esta plaza de la ciudad antigua de Jerusalén, en un Domingo de Ramos, es una fuerza interior que rompe toda barrera. Y, junto al repicar de las campanas y la música que difunden los altavoces, resuenan algunas frases de las que Jesús pronunció cuando iba y venía desde el templo, muy cercano, hasta los distintos lugares en los que pasaba la noche.

El primer Domingo de Ramos de la historia, mientras los judíos preparaban la Pascua, que se celebra el día 14 del mes de nisán, como en este mes de abril de 2004, fue un momento triunfal, preludio inmediato de la tragedia que se fraguaba.

El prólogo de la Semana Santa

La Pascua judía empieza la noche del martes. Los judíos ortodoxos e incluso los menos creyentes la celebran al atardecer, en familia, con la cena tradicional. Al caer el sol, la ciudad está en calma absoluta. Salimos al jardín para contemplar la misma luna llena que lució aquella noche que marcó la historia hace más de dos mil años y que sigue su curso imparable, iluminando el ambiente con una luz fría, tan intensa que aclara la oscuridad circundante. Se recortan al fondo las fachadas de los edificios de la ciudad vieja de Jerusalén, que brillan con un resplandor enigmático. Con las variaciones normales en la naturaleza que nos rodea, la historia se repite. Resulta fácil remontarse al principio de la era cristiana y vislumbrar lo que debió de ser aquella Pascua, narrada por los evangelistas con todo lujo de detalles, que Jesús quiso celebrar con sus discípulos «antes de padecer».

En este año 2004 coinciden los calendarios cristiano y judío. Ocurre en años bisiestos, pues los judíos cambian un mes completo su ciclo, por lo que esta circunstancia se repite de forma periódica. A esta coincidencia se suma también la conmemoración de la Pascua ortodoxa. Hay un verdadero *overbooking* de gente en la ciudad. Dado el clima político del momento, las calles son una exhibición de policía armada y de coches blindados que discurren entre personajes, no sé si típicos o atípicos, que se mueven en grupos, todos con el objetivo de celebrar esta festividad de acuerdo con sus costumbres, ritos y tradiciones.

Como consecuencia del statu quo establecido para los Santos Lugares, los oficios de Jueves, Viernes y Sábado Santo se celebran en la basílica del Santo Sepulcro, de madrugada, para los católicos. Hay que colocar en su contexto lo que ocurre en este punto de la Tierra.

Para entender un mínimo de lo que pasa en torno a la basílica del Santo Sepulcro es necesario ir a una fuente autorizada. Por suerte, uno de los franciscanos que mantienen su custodia y que lleva muchos años de trabajo en este recinto me da una clase de comprensión y de ecumenismo: «Aquí —me advierte— hay que dejar de lado el sentimentalismo y avivar la fe. Los cristianos estamos divididos y esta basílica, por orden de la jerarquía y en pro de la paz y del entendimiento, es de todos. Cinco comunidades se reparten su propiedad materialmente y, como consecuencia, los ritos y ceremonias que tienen lugar cada día son de cada uno de ellos. Quienes deben convivir son los griegos ortodoxos, católicos, armenios ortodoxos, coptos y sirios; en el entorno inmediato, hay también miembros de la comunidad etíope. Les une que todos creen en Cristo.» El fraile quiere dejar muy bien sentado que si hay alguna falta de entendimiento entre ellos, no es culpa de la religión sino de los fieles que la componen.

El tema es muy serio. Se comprende el empeño de la Iglesia católica por lograr la unión de todos los cristianos. Pero hasta que se logre algo (se ha intentado a fondo desde Juan XXIII a Juan Pablo II), hay que tratar de conseguir que lo anecdótico no oscurezca lo fundamental: «Dentro y fuera de los muros de la basílica —me explica el franciscano— se mantienen pequeñas historias que están muy lejos de lo verdaderamente importante. Hay costumbres que pueden resultar chocantes cuando nunca se han vivido y no se conocen sus raíces. Se dan diversos puntos de vista, pero todos miran al mismo centro: la resurrección de Cristo, que es lo fundamental. "Si Cristo no hubiese resucitado nuestra fe sería vana", dejó muy claro san Pablo. Aunque estas divisiones puedan parecer incomprensibles, hay cicatrices históricas que aún no se han cerrado del todo. Son heridas nacidas casi siempre de la intransigencia, actitud en la que es fácil caer cuando nos rodea el caos donde tendría que reinar el silencio y la adoración. No hay que asustarse por escuchar estridencias en los cantos debido a que dos comunidades ofician al mismo tiempo a sólo unos pasos de distancia. Líbrate de enjuiciar con dureza actuaciones que te chocan o que no entiendes; será la mejor forma de no equivocarte en tus juicios.»

Un consejo sabio y prudente que se puede aplicar a todo lo que nos rodea en estos días. Estamos en otro mundo, Oriente, y para comprenderlo son necesarios muchos años. Y quizás no tiene por qué entenderse. Es así y basta. Existe una grandeza objetiva en este lugar de la Tierra, pero, la mayor parte de las veces, la matizamos nosotros al interpretar lo que nos rodea mezclándolo con nuestras costumbres, nuestra educación o nuestra forma de vida. Para rematar este galimatías histórico, hay que superar en este comienzo del siglo XXI la enorme tensión política que nos lleva a un permanente estado de alerta materializado en registros, en encuentros con grupos armados, en vallas de protección en una ciudad con un trazado muy antiguo, o en signos de autoridad que llegan a resultar incómodos.

EL TRIDUO PASCUAL EN LA IGLESIA DEL SANTO SEPULCRO

Con este telón de fondo, vamos a iniciar el triduo pascual: la liturgia del Jueves Santo, Viernes Santo y Domingo de Resurrección. En esta semana, el tiempo queda en suspenso. Dan comienzo tres días con muchos siglos de historia y una verdad eterna que se renueva al margen del ritmo cronológico de nuestra mentalidad occidental. Lo esencial, lo verdaderamente importante es abrirse a la gran lección, al derroche de amor que Jesús, el Hijo de Dios, nos enseñó con su vida y con su muerte.

El Jueves Santo, los oficios que conmemoran la cena pascual, algo tan íntimo y sobrenatural como la institución de la Eucaristía y del sacerdocio, se celebran en el Santo Sepulcro de siete a diez de la mañana. Esto supone ponerse en marcha al salir el sol y empezar a celebrar esta fiesta con el amanecer.

Desde las seis y media de la madrugada, la explanada de la basílica, frente a la puerta de madera ancestral, está llena. Algunos coptos, que viven en un ala de la basílica, dormitan todavía en las escaleras de su convento. Creyentes de distintos países esperamos de pie, porque el recinto es más bien pequeño. Se escuchan de pronto unos golpes secos, rítmicos, sonoros, de metal sobre piedra, que se hacen cada vez más cercanos. Mi acompañante, que lleva diez años en Israel y nunca deja de asistir a estos oficios, me explica, con toda tranquilidad, este nuevo impacto: «Son los turcos, que anuncian la llegada del Patriarca latino que presidirá la ceremonia, y de su cortejo.» Sin volver de mi asombro, sin tiempo para pedir explicaciones por esta nueva sorpresa, veo avanzar a cuatro tipos enormes, de alrededor de cuarenta años, ataviados con uniformes del ejército otomano de la Edad Media, con sus gorros característicos, sus espadas metálicas, y unos bastones con los que golpean el empedrado del suelo, como debían de hacer por las calles de distintas ciudades hace cientos de años para anunciar el paso del sultán.

¿Por qué se mantiene esta tradición? ¿Qué pintan estos personajes en plena Semana Santa abriendo paso al Patriarca latino de Jerusalén? Nadie lo sabe con exactitud. Sólo puedo decir que, al final de la semana, forman parte del entorno, ya que, una vez terminados nuestros oficios, al finalizar el rito católico, ellos siguen abriendo paso con sus aldabonazos al Patriarca ortodoxo, y así sucesivamente hasta que se cierra el santuario.

Hay otra escena también inaudita. La única puerta que se abre en la basílica del Santo Sepulcro está, desde mediados del siglo XIII, bajo la custodia de dos familias musulmanas, una con derecho a guardar la llave y la otra de abrir la puerta. Esto se hace cada día con un ceremonial breve y bastante arcaico que tiene lugar a las cuatro de la madrugada, y termina a las siete de la tarde. En el Jueves Santo se retrasa la apertura y «la ceremonia» se hace frente al público, que se queda atónito al ver cómo sale desde el interior una cesta hacia fuera, que recoge un tipo encaramándose a una escalera ancestral que se coloca para ese acto, de forma que, desde el exterior, puedan abrirse las puertas. Tal y como lo vi, lo transcribo.

Como bien me aconsejó el franciscano, una vez traspasado ese umbral, hay que dejar de lado este tipo de anécdotas para situarnos en lo que vamos a celebrar. Da lo mismo que sean los turcos o los musulmanes quienes abran paso a la ceremonia. Son los misterios centrales de nuestra fe los que van a tener lugar y sólo eso importa.

Tras el Patriarca de Jerusalén llegan en una doble fila larguísima todos los sacerdotes y religiosos católicos que viven en esta ciudad y que hoy van a revivir momentos trascendentes para la cristiandad. Después, pasarán los Caballeros del Santo Sepulcro y de otras órdenes militares, y, por fin, los fieles del mundo entero. Como decía antes, hay que olvidarse del reloj. Es Jueves Santo y en el entorno del Santo Sepulcro se va a celebrar la misa que recuerda lo que ocurrió muy cerca, en el Cenáculo, al que por supuesto iremos al terminar la ceremonia.

Empiezan las oraciones litúrgicas acompañadas del órgano y de un coro que relata, con la liturgia del día, la verdad de lo que estamos viviendo en este punto de la Tierra. El Patriarca repite el gesto de Jesús en la Última Cena, cuando «se levantó de la mesa y se puso a lavar los pies de sus discípulos» (Juan 13, 4). Se inclina ante un grupo de sacerdotes ancianos, gesto que durante muchos años ha repetido el Papa en San Juan de Letrán, en Roma. Sigue la misa. Suena en el fondo del alma, acompañada por un sinfín de campanas, la fórmula de la consagración: «Esto es mi cuerpo, que es entregado por vosotros» (Mateo 26, 27). Como en una escena magnífica, quizás una de las mejores de la película de Mel Gibson sobre la Pasión, aquí es real lo que recoge el guión, porque, junto a nosotros, está el Calvario donde este sacramento se hace sacrificio: «Ésta es mi sangre, que será derramada por vosotros», se escucha con fuerza, y aquella frase de Jesús: «Haced esto en memoria mía.» Estamos a pocos metros del lugar de la crucifixión. Aquí y ahora, sólo se puede decir: «Creo», mientras más de cien sacerdotes repiten las mismas palabras de Cristo. Al terminar la ceremonia, se inicia una procesión.

Entre una nube de incienso y otra nube de gente que lo acompaña, el Santísimo bajo palio recorre tres veces el monumento del Santo Sepulcro. Seguimos todos la procesión con ambiente de catacumbas, con velas encendidas y —¿por qué no decirlo?— con una emoción intensa. Esta ceremonia, sencilla y única, sacude las fibras más hondas del espíritu. El Patriarca va a dejar el copón con las formas consagradas sobre la tumba en la que depositaron a Jesús después de su muerte en la cruz. En la puerta de entrada a la cámara sepulcral, rodeada como siempre de lámparas votivas y de flores, esperan a pie firme tres de los guardianes del Santo Sepulcro: un franciscano, un ortodoxo y un copto. Son los encargados de testificar que han depositado allí al Señor. Una vez concluida la ceremonia, nadie puede entrar a este lugar, que seguirá custodiado hasta el momento en que las normas litúrgicas revivan la Resurrección.

Al terminar este acto, salimos de la basílica. Tenemos muy claro el objetivo: queremos ir al Cenáculo.

EL MONTE SIÓN DE NUEVO

Es media mañana y, a estas horas, el sol tiñe de color dorado la ciudad vieja, que dejamos atrás para visitar una serie de lugares emblemáticos en este día de Jueves Santo.

Vamos de nuevo hacia el monte Sión. La cumbre de este monte encierra uno de los recuerdos más trascendentes para un cristiano: el Cenáculo, en el que Jesús instituyó el sacramento de la Eucaristía, el lugar del que partió hacia Getsemaní la noche del Jueves Santo después de celebrar con los apóstoles la cena de la Pascua.

La zona, pese a la importancia extraordinaria de lo que allí sucedió, no tiene nada que llame la atención: está medio escondida entre un conjunto de edificios de piedra, difíciles de identificar desde fuera. Hay que atravesar un barrio laberíntico y estrecho que nos conduce hasta ella. El hecho de la institución de la Eucaristía y del sacerdocio, de un significado incalculable a ojos humanos para la historia del mundo, ocurrió en «la cámara alta» (Marcos 14, 15) de una casa determinada que los apóstoles, por orden del Maestro, prepararon para celebrar la Pascua. Poca gente merodea por los alrededores, sólo unos mendigos y algún franciscano de un convento vecino. Hay mucho polvo. Atravesamos un patio, subimos unas escaleras de piedra y accedemos a otro patio, que desemboca a su vez en una sala rectangular de estilo gótico del siglo XIV. La estancia ha sido restaurada por los franciscanos, sus únicos y legítimos dueños desde 1342. Fueron los reyes de Nápoles, Roberto y Sancha de Mallorca, quienes les cedieron su propiedad. Movidos por el empeño de guardar este lugar como una reliquia, compraron unos años antes todos los terrenos que habían ocupado, en tiempo de los cruzados, no sólo el Cenáculo sino también el santuario y el convento. Unos años después pasó por la ley de la fuerza a ser propiedad musulmana y, terrible paradoja de las muchas que se dan en esta tierra, en 1524 se convirtió en mezquita. Los franciscanos se vieron expulsados y hoy están en un pequeño convento cercano. En la línea de lo que aquí ocurre hoy, el Cenáculo está en manos de los judíos. Pese a este proceso mil veces repetido en los Santos Lugares, llegamos a visitar esta casa.

El silencio es total. Merodea un grupo pequeño de turistas, también callados. Entro acompañada por un franciscano de más de setenta años. Aquel fraile se arrodilla en el centro de la sala, besa el suelo y, durante unos minutos, reza con la misma piedad con que lo hubiese hecho frente al altar mayor de la basílica de San Pedro en Roma. Al terminar, ya en pie, explica, con muestras continuas de respeto, que la autenticidad del Cenáculo, pese a su aspecto medieval, es de las más garantizadas. Ya en el siglo II, en tiempos del emperador Adriano, existía en el mismo lugar una pequeña iglesia, edificada posiblemente en el siglo I. El paso de las distintas culturas y de las continuas invasiones fueron dejando su huella. Fue iglesia bizantina en el siglo IV, románica en el XII y gótica en el XIV, hasta que en el XVI se convirtió en mezquita. Con ello vino la expulsión de los franciscanos, que a pesar de ello conservan el título de «guardianes del monte Sión».

Hoy en día, según nos cuenta, sólo pueden celebrar misa en este lugar alguna vez muy de madrugada. Conmueve la piedad de este fraile que lleva en Tierra Santa más de cuarenta años y que no se acostumbra a pisar este suelo sagrado donde tuvo lugar uno de los hechos más valiosos, de mayor riqueza teológica y espiritual, que revela la relación de amor de Dios con los hombres. La razón me la da él mismo cuando me repite que le resulta imposible entrar a este recinto y no postrarse de rodillas para venerar el gran milagro de amor que tuvo lugar allí mismo. Por eso no cae en la rutina. Ésa es la razón que le mueve a renovar con ese gesto, por encima de sus achaques y sus canas, su gratitud por aquella hora en la que Cristo «tomó el pan, lo bendijo y se lo dio a sus discípulos diciendo: "Éste es mi cuerpo, que será entregado por vosotros. Haced esto en memoria mía"» (Lucas 22, 19).

Al referirse al Cenáculo, un libro del siglo IV —*Itinerario de la peregrina Egeria*— explica en términos muy precisos y cultos que los evangelistas, al hablar del lugar donde Jesús celebró su última cena con sus discípulos, emplean una palabra griega, *anagaion*, que san Jerónimo tradujo por *cenaculum*: era la sala alta de la casa o estancia destinada para que personas extrañas pudieran celebrar la Pascua.

Una tradición antigua e ininterrumpida nos asegura la autenticidad del lugar. Cuando Tito destruyó Jerusalén en el año 70, esta zona del monte Sión quedó intacta porque se instaló en ella una legión que había ayudado al emperador romano. Hay un documento del siglo IV que explica que cuando Adriano llegó a Jerusalén en su camino a Egipto, se encontró con la ciudad y el templo destruidos, excepto algunas casas, entre ellas la que contenía «la pequeña iglesia de Dios en el monte Sión, donde se había instalado la guarnición dejada por Tito». También hacen referencias a «la iglesia superior de los apóstoles del día de Pentecostés». Un dato recogido en los Hechos de los Apóstoles, donde dicen que, «vueltos a casa, subieron a la estancia superior, donde se alojaban» (Hechos de los Apóstoles 15, 1-13).

Esta iglesia fue destruida por los persas y reconstruida por los cruzados en el siglo XII. En el proceso de cambio continuo ha terminado en manos de los judíos, tras unos siglos en poder de los musulmanes. Pese a todo ello, el Cenáculo fue la primera iglesia del mundo cristiano, y es llamada con razón «la madre de todas las iglesias».

Si el Cenáculo deja un rastro de pena por lo precario del lugar, la parte baja de la casa es aún más paradójica. Allí está localizado el sitio del lavatorio de los pies de los discípulos, a los que Jesús, antes de empezar su Pasión, dejó el testamento del *mandatum novum*: «Os doy un mandamiento nuevo: que os améis los unos a los otros como yo os he amado» (Juan 13, 34-35). Es verdad que los Evangelios dan muy pocos detalles de la situación de esta casa. Debía de ser un sitio muy conocido en la época, que no necesitaba de más datos. Como nos decía un experto, sería absurdo pensar —y es un razonamiento muy válido para otros lugares— que la comunidad cristiana primitiva olvidase sus raíces fundamentales, unidas a los momentos últimos, los más entrañables de la vida de Jesús, donde hizo a los hombres la máxima donación de Sí mismo, la Eucaristía, y el sacerdocio. Sólo quien desconoce el profundo apego y respeto que sienten los orientales por sus tradiciones y sus orígenes puede pensar que los primeros cristianos no conservaron las huellas de su Maestro.

Existen testimonios para apoyar esta tesis de la tradición y para confirmar su veracidad. La arqueología ha demostrado que parte de los muros sobre los que se levanta la construcción de la Edad Media son restos de un edificio del siglo III. Algunas inscripciones hechas a mano, encontradas entre las ruinas más antiguas, son signos cristianos, que demuestran que aquellos lugares se veneraron en los primeros momentos del cristianismo.

En la planta baja puede visitarse la llamada «tumba de David», aunque hoy parece insostenible esta tesis de que el rey que inició la etapa gloriosa de Jerusalén esté enterrado en este rincón.

HORA SANTA EN GETSEMANÍ

Dentro de los actos previstos para estos días, a última hora del Jueves se puede asistir a la celebración de una hora santa en Getsemaní para acompañar a Cristo en «la agonía del huerto», antes de su Pasión. Desde la parte nueva de Jerusalén hay que cruzar el torrente Cedrón y llegar a la parte más baja del monte de los Olivos. Hoy pienso seguir paso a paso, en la medida de lo posible, esta Semana Santa irrepetible. Y me voy al huerto de Getsemaní.

Son las ocho de la noche del Jueves Santo. Mucha gente

joven, peregrinos de distintos puntos de Europa o cristianos de Jerusalén y de algunos lugares cercanos, llega a este encuentro absolutamente especial, para acompañar, después de dos mil años, al Hijo de Dios que, arrodillado en este mismo paraje, sufrió hasta el extremo de sudar sangre. En torno a la roca de la agonía y por toda la iglesia se apiñan gentes de todo tipo y condición. Cada uno reza a su estilo. Hay muchos ratos de un silencio total. Es muy fuerte vivir esta experiencia dramática, profundamente espiritual, casi diría que mística, en un entorno en el que destaca la gente joven. Esos jóvenes, que viven envueltos en ruidos atronadores y música a pleno volumen, están aquí muy recogidos, rezando. De vez en cuando, se escucha la lectura del Evangelio. Impresiona la piedad que se respira, como tratando de paliar con este testimonio de fe la tragedia por la que pasó, en aquel lugar, sobre esa roca hiriente y dura, un Dios hecho hombre, que iba a llegar al colmo del amor, dando su vida por los hombres.

El lugar trae a la memoria toda la escena de la agonía del huerto. Fue allí donde Jesús pidió a sus tres íntimos, Pedro, Santiago y Juan, que lo acompañaran en aquel momento terrible en el que su naturaleza humana se derrumba ante las horas tremendas de Pasión que se avecinaban. En el colmo de la soledad, se los «encontró dormidos» (Lucas 22, 45). Sin nada para agarrarse en la Tierra, Cristo acude a su Padre Dios con la súplica, mil veces repetida por quienes se encuentran en una circunstancia extrema de dolor: «Si es posible, pase lejos de mí este cáliz.» Nos da, como conclusión, un ejemplo admirable para rematar esa petición: «No obstante, que no se haga mi voluntad, sino la tuya» (Lucas 22, 42), que, sin duda, ha sido una fórmula perfecta de aceptar el dolor, para tantas personas que sufren en su cuerpo o en su alma.

Al ver a este grupo muy numeroso reviviendo con piedad aquellas primeras horas de la Pasión, pensé que por qué lo bueno no llega a ser noticia. El mundo ignora estas realidades que existen y repite con el atrevimiento de la ignorancia que la gente da la espalda a Dios, que la religión no está de moda. Aunque algo hay de eso, ¡no es toda la verdad! He visto rezar con devoción a cientos de jóvenes y no tan jóvenes, compenetrados con Cristo en sus horas más amargas. ¡Doy fe de que la perspectiva de tanta gente, que en el huerto de Getsemaní acompañaba a Cristo en el desamparo absoluto por el que atravesó en las últimas horas de su existencia, es un gran motivo de esperanza!

A dos pasos de la iglesia edificada sobre la roca, un sendero estrecho lleva a la gruta del Prendimiento, venerada por los cristianos desde los primeros siglos. Es un lugar oscuro donde sólo la luz tenue de la luna deja entrever el recuerdo de lo que allí ocurrió. Se hace de noche, el momento justo para reproducir aquella acción desalmada. ¡Otra escena magníficamente ambientada en la película de *La Pasión*! Judas, uno de los doce, llega con una cohorte de soldados armados. «Les había dado una señal: aquel a quien yo besare, ése es; llevadlo con cuidado» (Marcos 14, 44). Se acerca. Y se escucha en la penumbra esa frase que encierra una última oportunidad de salvación para quien había sido su discípulo, uno de los elegidos: «Amigo, ¿a qué has venido? ¿Con un beso entregas al Hijo del Hombre?» (Lucas 22, 48). Los soldados se lanzan a por él y le sujetan de tal forma que Jesús no tiene más remedio que dejar constancia de la barbarie y les interpela con gran serenidad: «Como contra un salteador, habéis salido con espadas y palos a prenderme» (Marcos 14, 48). El final es, a mi modo de ver, lo peor de aquella secuencia brutal: «Y abandonándole, huyeron todos». Sus discípulos le dejaron solo. Así, en toda su crudeza, lo relatan los Evangelios

Una buena parte de los que han velado durante la hora santa en el huerto salen para recorrer el mismo camino que hizo Jesús, ya maniatado, entre los golpes y los insultos de la turba. Suben con antorchas encendidas hacia la residencia del Sumo Sacerdote, donde iban a juzgar al condenado. Es un lugar que produce una infinita sensación de paz. Hacia la mitad del montículo aparece la iglesia de San Pedro in Gallicantu. La iglesia, ya explicada en el recorrido del monte de los Olivos, no tiene sólo un valor emotivo sino que encierra una lección inolvidable y necesaria en el mundo actual. No es un monumento dedicado a la traición ni a la debilidad de Pedro, que allí negó haber conocido a Jesús, sino al arrepentimiento de un hombre que supo llorar su pecado y por ello se mantuvo fiel a su misión eterna.

La tradición de este lugar es tan fuerte que la noche del Jueves al Viernes Santo se colocan velones encendidos a lo largo de esta escalera realmente evocadora. Mucha gente acude allí a meditar, a revivir lo que sucedió en aquellas horas decisivas para la historia de la Redención. Una escala santa que, de acuerdo con san Marcos (14, 53-72), Jesús recorrió tres veces la misma noche.

VIERNES SANTO EN JERUSALÉN: LOS OFICIOS DE ABRIL DE 2004

En el libro de la peregrina Egeria, al relatar la solemnidad de este día, se explica lo siguiente:

Hacia la hora segunda del día viernes, según la cita dada por el Obispo, «antes de salir el sol» todos van con presteza a la iglesia de Sión a orar ante la columna de la flagelación; regresan; van a descansar un poco en sus casas y así están prontos para la ceremonia del día. En la iglesia del Gólgota, «detrás de la Cruz», en el mismo sitio donde fue hallada por santa Elena, siéntase el Obispo en la cátedra, y es colocada ante él una mesa alrededor de la cual están los diáconos, de pie; es colocada en la mesa la cruz, guardada, junto con el título, en un relicario de plata dorada; toma el Obispo por sus extremidades el santo leño y van viniendo los fieles y los catecúmenos, uno por uno, a venerarlo.

A la hora sexta se va al gran atrio al aire libre —entre la Anástasis, la Cruz y el Martirio—, lleno de gente. Allí el Obispo preside la ceremonia, que dura tres horas. Se leen pasajes de la Biblia, todos alusivos a la Pasión: Salmos, Epístolas de los Apóstoles, de los Hechos y de los Evangelios; y también de los Profetas, donde anunciaron que padecería el Señor. Todo ello intercalado con oraciones. Estas lecturas tan del día excitan en los fieles sentimientos de piedad y compasión, provocando lágrimas.

Es asombroso que tantas tradiciones se mantengan por encima de los siglos. La ceremonia del Viernes Santo, también de madrugada, se celebra en la parte alta de la basílica del Santo Sepulcro. En la explanada nos encontramos con el mismo grupo de gente de la víspera. No es mucha. Las noticias sobre la situación asustan a quienes sueñan con pasar estos días en este lugar sagrado. Hay un silencio llamativo. El amanecer es fresco y lo que vamos a conmemorar agudiza esa impresión indescriptible. ¿Cómo es posible que los hombres hayan llegado a esta locura de matar, después de la tortura insuperable a la que fue sometido, a quien se hizo hombre para salvarlos? Comentamos que todas esas escenas tan duras y sangrientas que aparecen en la película de Mel Gibson sobre la Pasión —que nos muestra, con imágenes soberbias, las doce últimas horas de la vida de Cristo— no son la pesadilla de una mala noche ni fruto de la imaginación calenturienta de un director de cine. No. Hay testimonios totalmente probados que nos confirman que todo es verdad. Que lo que hemos visto en esas escenas violentas fue así. Mientras esperamos, todo nos trae a la memoria el estado lamentable de Jesús cuando sube hasta esta cumbre del Gólgota, arrastrando el madero en el que van a clavarle de forma inhumana. Lo que llega al Calvario es un despojo humano deshecho, ensangrentado y roto. ¡Produce una fuerte sacudida en el alma pasar en Jerusalén un Viernes Santo, participar en los oficios que lo conmemoran en el mismo lugar —que entonces estaba fuera de la ciudad— al que llevaron a Jesús para crucificarle!

En cuanto abren la puerta, con toda la ceremonia pasamos al interior del santuario, siguiendo un orden perfecto. El sitio y el momento invitan al máximo respeto, a la veneración profunda del misterio, al agradecimiento rendido por esa realidad del amor de un Dios capaz de semejante locura.

Hay que subir a la parte alta de la iglesia, que corresponde al lugar de la crucifixión. Mientras subimos una escalera estrechísima, alguien lee el relato de san Mateo, que es el evangelista que narra con más detalle lo que ocurrió en el primer Viernes Santo de la historia: «Así que llegaron al lugar llamado Gólgota, que quiere decir calvario...» (Mateo 27, 33). Este pequeño montículo, de no más de cinco metros de altura, con una forma redondeada que le dio el nombre de Gólgota (abreviación de la palabra aramea *galgaltha*, que significa redondez, cráneo, calavera), estaba fuera de los muros de la ciudad de Herodes. Era campo abierto, con algún huerto entre la roca calcárea desnuda, al pie de la colina rocosa, típica de esta región de Judea. Cerca había algunas sepulturas: ahí tenía la suya José de Arimatea, un importante judío seguidor oculto de Jesús.

Llega el Patriarca con los obispos y los sacerdotes de Jerusalén. Todos con vestiduras rojas. El altar en el que se celebra la ceremonia es el católico, presidido por un mosaico moderno con una imagen de Cristo en el momento de ser clavado en la cruz.

El rito, el mismo que se celebra en todo el mundo católico, tiene varios puntos cruciales. Estremece la voz que anuncia de forma escueta: «Pasión de Nuestro Señor Jesucristo según san Juan.» Con un fondo de canto gregoriano semitonado, la narración —hecha por unos curas jóvenes, que alternan sus papeles con piedad y hondura— cala a fondo en quienes seguimos la liturgia con la máxima atención, concentrados en las escenas que reviven las últimas horas, trágicas y desgarradoras, de la vida de Cristo. Escuchamos las siete palabras que, en su agonía, pronunció desde la cruz, y que están reproducidas en un pequeño altar de plata que marca la división entre la parte católica y la ortodoxa. Hay una Virgen en ese pequeñísimo altar que consigue trazar una línea de unión entre los altares católico y ortodoxo, que están en los dos extremos. «Ahí tienes a tu hijo» (Juan 19, 26), escuchó María en aquella hora suprema. Y la Virgen nos acogió como hijos a todos sin excepción. En un bajorrelieve de plata está reflejada su expresión de amor misericordioso, que abarca al mundo entero con una mirada cargada de ternura.

De pronto, se escucha la frase cumbre de la historia de la humanidad. Después de decir Jesús, ya en la cruz, que «todo está consumado», muy despacio el lector proclama las palabras que encierran el gran misterio del amor de Dios por los hombres: «e inclinando la cabeza entregó el espíritu» (Juan 19, 30). Se hace mayor, más hondo, más sincero, más necesario el silencio. Los sacerdotes, con el Evangelio en la mano, cruzan el recinto hasta el altar de los griegos ortodoxos, donde, rodeado de plata, está el agujero en el que estuvo la cruz de Cristo. El icono del fondo del altar está recubierto de rosas blancas. Una serie de lámparas votivas preciosas iluminan esa hora en que «se oscureció el sol y la tierra tembló» (Lucas 23, 45 y Mateo 27, 51). Todos nos arrodillamos. Es inútil tratar de explicar lo que ocurre cuando los sentimientos son tan fuertes. La emoción es genuina, y es intensa la petición por la unión, la conversión y la paz en un mundo donde el odio acapara las noticias. ¡Que se entere el orbe entero que Dios hecho hombre ha muerto por salvarnos! Que vino a dejarnos un solo mandamiento: «que os améis como yo os he amado». Que antes de entregar su alma a Dios, desde la cruz, aún con un rastro de vida, dijo unas palabras admirables que tendríamos que aprender todos los hombres si queremos, con seriedad, librar a este mundo de su locura: «Padre, perdónalos porque no saben lo que hacen.» Rezaba por quienes le dieron muerte. ¡Qué lección, difícil de aprender pero urgente para todos y cada uno de los que poblamos la Tierra!

Sigue la ceremonia. Sigue la narración. Rezamos con la liturgia por esa humanidad redimida. Por la unidad de los cristianos. Por los que no creen en Cristo. Por los que gobiernan el mundo. Por la paz. Por los que sufren. Por cada uno de los que formamos parte de la raza humana.

La adoración de la cruz, repetida en los cinco continentes, aquí tiene un valor añadido: nos acercamos para adorar una reliquia de la verdadera cruz, colocada en un relicario, cuajado de piedras preciosas, que tiene en su centro una pieza de valor infinito, imperecedero, ilimitado. Es el auténtico *lignum crucis*.

Ha terminado la ceremonia, dejando una huella imborrable en todos los que la hemos seguido. Ahora tenemos que esperar a que abran las puertas. Después, llegan los ortodoxos para su liturgia y —es también parte del statu quo— la iglesia debe estar herméticamente cerrada hasta que llegue la hora prevista. Es un buen momento para volver a visitar el templo.

El Santo Sepulcro, pese a no tener una dimensión artística, sigue siendo uno de los monumentos sagrados fundamentales en Jerusalén y en el mundo cristiano. A lo largo de los siglos ha sido un objetivo prioritario de la fe y ha causado una fuerte conmoción a los peregrinos de muchas confesiones cristianas diferentes, que llegan hasta este lugar. Ésta es la parte más antigua de la ciudad. Fue santa Elena, madre de Constantino, la que empezó la construcción de la iglesia en el año 326, en el lugar exacto del Gólgota. Fue destruida el año 614. La actual es del período de las cruzadas, aunque después de un incendio fueron los griegos ortodoxos quienes la restauraron con la forma actual.

En la cripta de la basílica hay una capilla de tres naves, construida sobre los muros que sirvieron de fundamento a la nave central. En las paredes rocosas, se encuentran firmas y grabados con los escudos de armas de los cruzados. El mosaico del pavimento es moderno: fue colocado por los armenios, propietarios de la capilla, en 1980. Lo mejor de este sitio es la pequeña capilla de «la Invención de la Santa Cruz» o de Santa Elena. La tradición atribuye a esta mujer, madre del emperador Constantino, el hallazgo de la cruz auténtica: la encontró junto a otras muchas, ya que aquél era un lugar donde se ajusticiaba a los criminales con esta pena capital. Para distinguir la de Cristo entre todas las demás, hizo pasar por diferentes cruces a enfermos y sobre una de ellas, la que hoy se venera, se produjeron curaciones milagrosas. En un ábside, una estatua de bronce representa a santa Elena abrazada a la cruz. Antes de salir al exterior, hay que detenerse frente a una roca, partida por la mitad, que está debajo del altar del Calvario, aislada por una vidriera. Ahí, sobre ese montículo, fue donde, hace dos mil años, murió Jesús de Nazaret.

UN VÍA CRUCIS DIFERENTE

Es media mañana cuando salimos de la basílica. El contraste entre la profundidad, la piedad de la ceremonia y la emoción de lo que acabamos de revivir, con el desorden que nos recibe en la explanada, es muy fuerte. Una patrulla de soldados también custodia, aunque de forma diferente, los alrededores del Santo Sepulcro. Van armados: son hombres y mujeres que transmiten la impresión de que, por encima de su propia voluntad, están cumpliendo con una obligación, ajena a ellos mismos, de mantener el orden. En estas fechas se ha triplicado el número de personas que transitan por Jerusalén. Los griegos ortodoxos llegan en masa, cantando, para celebrar sus ritos. Otros grupos, que provienen de lugares insospechados, tratan de hacer el Vía Crucis por esas calles tan peculiares de la ciudad vieja.

Para revivir las estaciones del Vía Crucis hay que dar la vuelta a la muralla y entrar por la puerta de San Esteban o de los Leones, la misma que cruzó Jesús la noche del Jueves Santo después de su agonía en el huerto de Getsemaní. Muy cerca, junto al torrente Cedrón, una Iglesia recuerda la lapidación del primer mártir de la iglesia, que fue apedreado en presencia de Saulo (el mismo que después de su conversión acabó siendo san Pablo, uno de los grandes santos del cristianismo). Junto al arco de entrada, dormitan tipos curiosos a cualquier hora del día. Algunos niños de pelo muy rizado corren por las escaleras de unas callejas oscuras. Son los únicos seres vivientes que aparecen en escena a primera hora. Más tarde, aquello se convierte en un hervidero de gente.

Desde esta puerta, la calle que sube hacia el centro, hasta fundirse un poco más arriba con el inicio de la Vía Dolorosa, tiene una serie de puntos inolvidables.

A la izquierda, en el límite de la ciudad, estaba situada la fortaleza Antonia, donde, por su cercanía al templo, se hospedaban algunas veces los procuradores romanos cuando venían a Jerusalén. Estaba situada en el ángulo noroccidental de la explanada del templo, en un lugar en el que hoy se encuentra una escuela musulmana. En el patio enorme de este recinto, cada viernes del año a las tres de la tarde, se inicia la tradición piadosa de rezar el *Via Crucis*, dirigida por los franciscanos. Se trata de recorrer las calles de Jerusalén meditando la Pasión: una iniciativa con ocho siglos de historia, que ha ido incorporando pequeñas capillas a lo largo del recorrido hasta revivir todos los pasos de la Pasión.

Un poco más lejos, también en el lado derecho, están las ruinas de la Piscina Probática, la que nos describe el Evangelio con cinco pórticos y rodeada de enfermos que esperaban que un ángel moviese las aguas y, si se metían, conseguían su curación.

Hay en este recinto un seminario de Padres Blancos franceses. Uno de ellos, muy característico de los estudiosos de la Escuela Bíblica de Jerusalén, con una larga barba, una gran cultura y, como buen francés, con una extraordinaria facilidad de palabra, se ofrece para hacernos de cicerone. Sus explicaciones son un tratado de arqueología, historia y exégesis de Sagrada Escritura, expuesto con tono de lección magistral. Vemos con él lo que queda de los pórticos, uno a uno, incluido el quinto. Éste dio mucho que hablar a los críticos del Evangelio, ya que ponían en duda su existencia hasta que apareció en unas excavaciones. Nos aclara un detalle importante: las aguas de aquellos baños eran termales y tenían ciertas propiedades curativas, desconocidas para mucha gente que acudía allí y que, de pronto, se encontraban sanos. Este hecho rodeó al lugar de un cierto ambiente de misterio. Los antiguos, agradecidos, levantaron un templo a Esculapio, el dios de la Medicina. Los hebreos hablaban del ángel de Yahvé, que bajaba de vez en cuando y removía las aguas. Creían que quien entrase el primero quedaría curado. Pero quien de verdad hizo allí un milagro fue Jesús, que le dijo a un paralítico, un pobre hombre que no tenía quien le metiese al agua, «coge tu camilla y vete a tu casa». Jesús no le pidió que entrase a la piscina, sino que empleó su poder de Dios para sanar su cuerpo después de perdonarle sus pecados.

Recorrer la Vía Dolorosa un Viernes Santo

La Vía Dolorosa parte de lo que era la fortaleza Antonia y termina en el Santo Sepulcro, después de recorrer calles tortuosas. Empiezan a abrir las tiendas, pero aún queda un rato de silencio y de paz, que despierta, por contraste, tantos recuerdos en el alma. En el camino, están las estaciones del Vía Crucis en pequeñas capillas con evocaciones piadosas, todas con referencias de los Evangelios, que recuerdan la terrible subida de Jesús con la cruz hasta el Calvario.

Sobre las piedras reconstruidas de Jerusalén se puede seguir, paso a paso, el trayecto que hizo el Jueves y el Viernes Santo. No es el mismo suelo, que queda incluso entre diez y dieciocho metros por debajo del actual, pues en las sucesivas reconstrucciones se ha elevado el nivel del terreno. El itinerario seguido desde hace más de doscientos años sitúa el pretorio de Pilatos en la fortaleza Antonia, levantada al suroeste de la explanada del templo.

A pocos pasos el arco del Ecce Homo, clásico monumento de veneración popular, que se consideró durante años el recuerdo de las palabras pronunciadas por el procurador romano al presentar a la muchedumbre a Jesús, flagelado y coronado de espinas, con el manto de púrpura para que lo crucificasen. Surgen problemas de localización histórica que se complican o se aclaran, según como se mire, cuando en el siglo XIX se descubren en este mismo enclave unas ruinas de enorme valor: se trata de un patio amplio, con canales de desagüe, cisternas y una serie de restos que impresionaron mucho a quienes los encontraron. Aquello era el *lithostrotos* (citado en Juan 19, 13), en el que posiblemente los soldados custodiaron a Jesús toda la noche después de la flagelación y la coronación de espinas. Desde allí emprendieron la subida hacia el Calvario, un monte que se hallaba entonces fuera del muro de la ciudad. Con todos estos datos, hay que partir de una realidad: la verdad del camino de la cruz no depende de las piedras sobre las que Cristo pudiera andar en aquellas circunstancias, que, por otra parte, no es posible identificar con la total garantía de autenticidad. Hay que dejar que los arqueólogos y los expertos de la Escuela Bíblica sigan sus trabajos de investigación. Pero la piedad no es cuestión de arqueología sino de fe y corazón. La Vía Dolorosa, pasando por encima del dato absolutamente preciso, está salpicada de pequeñas capillas que reconstruyen las escenas del Vía Crucis hasta llegar a la basílica del Santo Sepulcro. Hay que callarse y rezar.

LA VIGILIA PASCUAL

«Al día siguiente, después del Sábado, muy de mañana —cuentan los Evangelios—, María Magdalena se acercó hasta el sepulcro» (Lucas 24, 1). A la misma hora y con ese pasaje en la cabeza, acudimos a celebrar la fiesta de la Pascua en la basílica del Santo Sepulcro. Con paciencia y con una buena dosis de sueño esperamos en la ya conocida explanada. Vuelta al statu quo, que obliga a tener los oficios a las 6.40 de la madrugada, para dar paso a los griegos ortodoxos, que lo harán a partir del mediodía. Inútil hacer comentarios. Ya hemos dicho que, tanto desde un punto de vista religioso como político, no se trata de entender ni de juzgar. Así es y basta.

Una vez más los turcos, convertidos en maestros de ceremonias, avisan de la llegada del obispo con los golpes secos de sus enormes alabardas sobre la piedra milenaria. La procesión se abre paso hacia la nave central de la basílica, que todavía está en penumbra. Estamos en el tercer día después de la muerte de Cristo y la Tierra sigue envuelta en tinieblas.

Comienza la ceremonia como en cualquier lugar del mundo. Todo está preparado para el clímax, ese momento en el que el oficiante inicia lo que llama san Agustín «la madre de todas las vigilias», quicio de todo el misterio de la Pasión, Muerte y Resurrección de Jesucristo, con la liturgia de la luz y de la palabra: la bautismal y la eucarística. Todo se produce con ese simbolismo que la Iglesia vuelca en esta noche única en la que Cristo resucitado es la luz y la salvación del mundo.

El pregón pascual suena con tal fuerza que su mensaje traspasa sin duda los muros de la basílica y difunde el aleluya pascual «hasta el último rincón de la Tierra». Suenan con fuerza, en un órgano extraordinario, las notas del *Gloria* y del *Aleluya*. Todas las campanas de Jerusalén acompañan y repiten sus acordes a lo largo y a lo ancho del mundo y de los siglos.

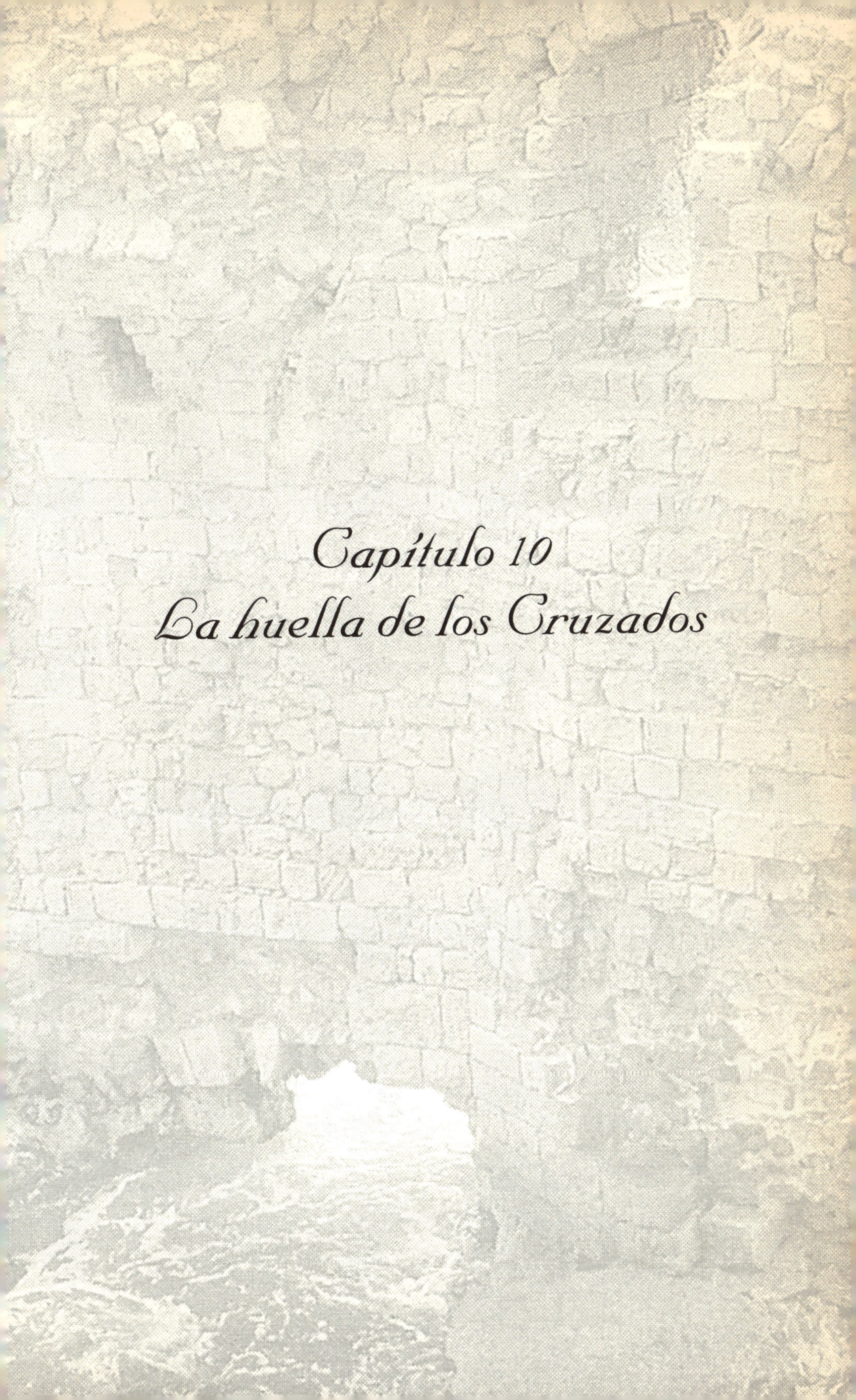

Capítulo 10
La huella de los Cruzados

Elías respondió al rey Acad: anda, convoca a todo Israel en el monte Carmelo.

1 Reyes, 18-19.

«¿Vamos a Acre el fin de semana?» Tardé en reaccionar cuando me propusieron este itinerario que, en un primer momento, veía fuera del proceso de inmersión en Tierra Santa. Pensé, de inmediato, que unas pinceladas sobre la huella de los cruzados darían un toque final al cuadro.

Con esta idea emprendimos el último itinerario. Salimos hacia el noreste, en dirección a Tel Aviv, la ciudad más grande del país, su centro financiero, que fue fundada en 1909 sobre las dunas de la costa mediterránea al norte de Jaffa. Fue la capital de Israel hasta que los judíos trasladaron ésta a Jerusalén, donde, actualmente, está el Parlamento y el Gobierno. Pese a ello, la vida diplomática sigue centrada en Tel Aviv.

Siguiendo la costa hacia el norte, llegamos a Haifa, el puerto más grande en esta franja del Mediterráneo, la tercera ciudad del país, con doscientos cincuenta mil habitantes, en su mayoría judíos.

Pese a estar en minoría, hay en este lugar un punto importante de espiritualidad cristiana conocida en todo el mundo: la montaña del Carmelo (jardín de árboles), por donde se extiende la ciudad, sin más límite en el horizonte que el azul del Mare Nostrum. En la época de los cruzados, héroes del calibre de Ricardo Corazón de León o san Luis, rey de Francia, en plena lucha con persas y musulmanes, reconstruyeron una y otra vez la ciudad, que había sido saqueada por Saladino en 1191.

El punto de mira de un turista con alma de peregrino, en esta zona de Israel, es el santuario de Stella Maris en Haifa. Aquí se encuentra la célebre iglesia dedicada a la Virgen del Carmen. Es, en buena medida, el móvil principal que lleva a este lugar a muchas de las personas que visitan los Lugares Santos. Desde aquí se propagó su devoción gracias al carmelita inglés san Simón Stock, que vivió en este convento. La tradición carmelitana está enraizada en el monte del que la orden tomó el nombre. El Carmelo es su cuna. En el siglo XII algunos monjes de Occidente se establecieron en unas grutas cercanas al mar: el Kader, en el sitio llamado «Escuela de los Profetas», donde desarrollaban su vida ermitaña. Trataban de revivir el espíritu del profeta Elías, muy ligado en la tradición judía a este terreno. Los monjes decidieron cambiar su estilo de vida y formaron una comunidad.

El primer convento, del siglo XIII, fue destruido en 1291 cuando cayó San Juan de Acre en manos de los musulmanes. Sus monjes fueron asesinados. Poco tiempo antes, en ese mismo monasterio, vivió siete años san Simón Stock, general de la Orden de los Carmelitas. De vuelta a Inglaterra, en 1251, tuvo una visión en la que la Virgen prometió una bendición especial para quienes, en el transcurso de los siglos, llevaran impuesto su escapulario.

La iglesia actual, del siglo XIX, fue revestida de mármol en 1931. En el centro del altar principal recibe al peregrino una tradicional imagen de la Virgen del Carmen.

Debajo, una gruta recuerda al profeta Elías, gran defensor de la pureza de la religión yahvista. También él se retiraba a este monte para rezar, huyendo de la reina Jezabel, que lo perseguía a muerte.

Frente a la puerta de entrada, un monumento en forma de pirámide recuerda a los soldados franceses asesinados por los turcos tras la retirada de Napoleón del sitio de Acre. Realmente no hay un solo espacio a lo largo y a lo ancho de esta tierra que esté libre de esa historia cruel de invasiones y de guerras, desde los tiempos más antiguos hasta nuestro siglo XXI.

Seguimos la ruta hacia el norte. Muy cerca de la frontera con el Líbano, en la ciudad de Acre, situada en la punta norte de la bahía de Haifa, aparecen, sobre el Mediterráneo, las murallas de la época de los cruzados. Son unos muros de piedra imponentes que rodean el casco antiguo de la ciudad. Esas piedras impregnadas de hazañas caballerescas guardan hoy los restos de un pequeño puerto del Imperio otomano, levantado sobre las ruinas de la antigua capital de los cruzados. Enfrente, se extiende el mar abierto.

Un paseo por las calles empedradas dejan al descubierto escudos de armas, en paredes muy deterioradas por el paso del tiempo: restos de antigua nobleza, ventanas góticas y lonjas abandonadas que hablan de la existencia, llena de actividad en tiempos lejanos, de uno de los puntos clave del comercio con Oriente.

En este rincón del Mediterráneo tenían agentes los más importantes mercaderes de Génova, Pisa, Marsella o Barcelona, que trasportaban las mercaderías desde Arabia, India o China hasta las grandes urbes europeas. Hacia poniente, las olas golpean contra las murallas, que avanzan hacia la punta del faro. Son olas fuertes, que barren el paseo en lo alto de la muralla, llenando de espuma a turistas o niños del lugar, árabes con sus característicos ojos enormes, muy negros y expresivos, que se esconden entre las almenas y las torres barbacanas cuando ven una cámara de fotos.

El nombre de Acre, ese enorme castillo de los cruzados sobre el mar, evoca reminiscencias viejas y queridas, presentes ya en la lengua castellana desde Gonzalo de Berceo:

Cruzáronse romeros para ir en ultramar
saludar al sepulcro, la vera cruz orar;
metiéronse nuevas naves para Acre pasar
si el Padre del cielo los quisiese guiar.

Los orígenes de este enclave son más antiguos. La prosperidad de Acre siempre estuvo muy ligada a una situación geográfica privilegiada: un puerto natural, lugar de llegada de todas las grandes caravanas del norte, de Oriente y de Egipto. Es la misma razón que convirtió a esta ciudad en el objetivo a conquistar por todos los invasores que provenían del mar.

Rival de Tiro, ciudad histórica del Líbano, algo más al norte en la misma costa, las épocas de esplendor de una corresponden a las de declive de la otra. Cuando se convirtió en el principal puerto de Palestina, en tiempo de los cruzados, vino la gloria, y cuando Jerusalén cayó en manos de Saladino fue la capital del reino otomano. Esta ciudad quedaba protegida de los vientos con un espigón que terminaba en la Torre de las Moscas, que sale todavía al mar frente a las murallas.

Es asombroso conocer que la primera noticia de Acre aparece en textos egipcios del siglo XIX a.C. Estaba situada en un monte cercano que llaman «colina de las cerámicas». En la Biblia se menciona como parte del territorio de la tribu de Aser. Así lo dice uno de los libros del Antiguo Testamento: «Aser no expulsó a los habitantes de Acco ni a los de Sión [...]; y los hijos de Aser habitan en la tierra en medio de los cananeos.» Pasó más tarde a estar dominada por los egipcios y por los fenicios, hasta que abrió sus puertas a Alejandro Magno y, dentro de ese complejo marco histórico, acabó en manos de los romanos.

En la historia más actual, la relacionada con la era cristiana, aparece citada en los Hechos de los Apóstoles, entre los viajes de san Pablo. Sólo con los cruzados —cuando sirvió de puente entre Europa y el reino latino de Oriente— llegó a recuperar la importancia que había tenido en la antigüedad. Balduino I conquistó Acre en el año 1104, apoyado por la flota genovesa; después de la conquista de Jerusalén y de Jaffa, los cruzados se preocuparon de mantener su seguridad, quedando bien resguardados en el puerto. Pero en el 1187 se entregó al sultán Saladino, que la retuvo por un corto período de tiempo. Cuatro años más tarde la recuperó Ricardo Corazón de León, que convirtió este enclave en capital del nuevo reino latino, con el nombre de San Juan de Acre. Así duró un siglo completo. Ésta fue la etapa de mayor prosperidad de su historia. Posteriores épocas de corrupción y divisiones internas la llevaron al desastre. Un ejército mameluco sitió la ciudad. Por más que se unieron, para resistir al enemigo, las órdenes militares más potentes de aquellos años —Templarios, Hospitalarios de San Juan y Caballeros Teutónicos—, no pudo resistir más de dos meses y pasó a manos de los turcos. Finalmente, la reconquistarían los ingleses.

La caída de Acre fue un choque para la cristiandad, con consecuencias muy distintas, tanto en lo político como en lo literario. Ramón Llull propuso una nueva cruzada que, desde España, llegara hasta Palestina por la ribera sur del Mediterráneo. Los Caballeros Teutónicos, por su parte, salieron de Palestina y se instalaron en el Báltico. A resultas de esa invasión, no tardaron en enfrentarse eslavos y germanos en luchas que han durado hasta tiempos no muy lejanos. Roger de Flor, otro de los Cruzados destacados en aquellas gestas medievales, entró al servicio del emperador de Bizancio, como mercenario, hasta que se volvió contra él para hacerse con el ducado de Atenas.

Las murallas de Acre, destruidas en las batallas del siglo XII, fueron reconstruidas en el XVIII por Al-Jazzar, un aventurero albanés que acabó como gobernador de la ciudad. Resistió allí a las tropas de Napoleón, que había salido de Egipto con la intención delirante de emular a los faraones y fundar un gran imperio en Oriente, conquistando Siria y Mesopotamia. Cuentan las crónicas que, contemplando desde el mar estas fortificaciones, Bonaparte le confió a Murat su objetivo de conquistar Acre. Pretendía cortar las rutas de Inglaterra hacia la India. Pero Napoleón no contaba con la solidez de las murallas, desde las que respondieron con verdadera bravura a los múltiples ataques de aquellas tropas instaladas en una pequeña colina en las afueras de la ciudad. El flanco del noreste, que desde tiempo de los cruzados se llamaba la Torre Maldita, hizo tal resistencia que los franceses renunciaron a su proyecto.

Lo mejor para situarse en el pasado de esta antigua fortaleza es entrar por el extremo de la Torre, donde termina la carretera actual, y dar un paseo por lo que queda de la ciudad vieja, que conserva muchos vestigios de sus tres períodos: de los cruzados, los árabes y los turcos. Perderse por sus calles empedradas es un reto a la imaginación. Hay que dar marcha atrás al ritmo de nuestro tiempo para descubrir esta larga historia de siglos en la que las distintas civilizaciones han ido dejando su huella. Los restos de semejante periplo están inscritos en arcos ojivales que enmarcan ventanas con persianas de plástico, o en muros en los que aparecen importantes escudos de armas (con flores de lis, sin ir más lejos), convertidos en la puerta de una casa de vecinos por donde asoman niños en cueros. Hay también puestos de frutas y dulces del zoco, imprescindibles en cualquier barrio árabe. Un laberinto de calles enlosadas, altas casas de piedra, algunas adosadas a la parte inferior de las murallas, llevan a la mezquita del pachá Al-Jazzar, en recuerdo del albanés que gobernó Acre durante unos años. Además de unos baños que se conservan, con un techo esférico y unas claraboyas de diseño futurista, construyó una mezquita, una de las más importantes del país, sobre la catedral de los cruzados de la Santa Cruz y del monasterio de los Caballeros Hospitalarios de San Juan. Está bastante bien conservada, en medio de un patio de limoneros y palmeras, con una fuente en el centro. Las columnas del pórtico de la entrada son de granito y pórfido, traídos de Cesarea.

Al salir de nuevo a la calle, siguiendo unos cuantos pasos, se entra en la parte subterránea de la ciudad de los cruzados, la parte más interesante de la visita. Una entrada oscura lleva al patio de la ciudadela, construida en el siglo XVIII y convertida en prisión durante el mandato inglés. Las salas anteriores son una muestra de los dos estilos, cruzado y otomano, superpuestos. A la derecha están «las salas de los caballeros», buen exponente de la arquitectura gótica del siglo XII, de quinientos metros cuadrados y una altura de ocho metros.

Aquí, una vez más, se detiene el tiempo. Todo está intacto, menos el suelo, que estaba cuatro metros más abajo. Las condiciones acústicas, inmejorables, han convertido estas salas en auditorios para conciertos de música de cámara.

Lo más espectacular del conjunto está en el lado opuesto: la sala del Gran Maestro de la Orden, que estaba dedicada a funciones administrativas o quizás era el refectorio de los caballeros. La cripta, edificada en 1159, está situada en la parte más profunda: es una verdadera joya arquitectónica, enorme, de estilo pregótico, con tres gruesos pilares en el centro. Es anterior a las grandes catedrales góticas europeas, como ocurre en el Mont Saint Michel en Francia y en otros hospitales de las órdenes militares del bajo medioevo. En las esquinas aparece tallada la flor de lis, un dato que sitúa este lugar en torno a la llegada de Luis VII de Francia, en 1148, al frente de la Segunda Cruzada. Fue el primer rey que utilizó esta flor en su escudo de armas. Desde este punto central se podían escapar, a través de un túnel de sesenta y cinco metros. No se sabe hasta dónde llegaba el túnel en su época, pero hoy, después de un buen trecho bajo tierra, se sale a la parte de la ciudad ocupada por la Orden de los Hospitalarios. Es una gran estructura con seis puertas intercomunicadas y abiertas hacia el sur. Hay que subir unas escaleras para encontrarse en la calle al nivel actual. Con el mar de fondo, y unos zapatos adecuados para superar el empedrado medieval, es una buena experiencia lanzarse a descubrir tesoros encerrados en cualquier esquina. Todo en esta ciudad antigua guarda una sorpresa. Al final, el paseo por la muralla termina en el faro, que, pese a su forma actual (del siglo XVIII), desde la época de los cruzados ha señalado la entrada del puerto. No es mala idea sentarse en uno de los cafés típicos, para situar en su contexto —frente al mar, que rompe con fuerza sobre esta parte de la muralla— las gestas heroicas de los cruzados. Una gesta imposible de encerrar como capítulo final de un libro sobre Tierra Santa. Merece, como ya se ha demostrado en la literatura universal, una narración en la que se plasmen de forma fidedigna todos los secretos que guardan estas piedras.

Epílogo

¡Dichoso tú, Israel! ¿Quién como tú? Pueblo por Dios salvado.

DEUTERONOMIO 31, 7-8.

De vuelta a Jerusalén, antes de hacer la maleta, en una cena de despedida me traducen el canto hebreo elegido como himno nacional. Consigo las palabras del *hatikva*: «Mientras en lo profundo del corazón palpite un alma judía y, vueltos hacia el Oriente, los ojos atisben Sión, no se habrá perdido la esperanza milenaria de ser un pueblo libre en nuestra tierra, en la tierra de Sión y de Jerusalén.»

Es inmenso el patrimonio de los Lugares Santos, que Jesús recorrió tantas veces a lo largo de su vida. Encierran tal riqueza histórica y doctrinal que a Israel se le ha llamado, como ya dije, el Quinto Evangelio. Es la tierra en la que Jesús hizo muchos milagros durante su vida pública, donde resucitó a Lázaro, al hijo de la viuda de Naím, donde devolvió la vista a los ciegos o curó a los leprosos. Su vida cotidiana, que le inspiraba parábolas y enseñanzas divinas, ocurrió mientras recorría esta parte del planeta. Cada paso que se da en Israel es un nuevo descubrimiento que demuestra que todo lo que nos cuentan Mateo, Lucas, Marcos y Juan ocurrió en un tiempo y un lugar determinados. Es el gran tesoro que buscan los arqueólogos, lo mismo que hacen los expertos judíos para encontrar las piedras milenarias donde está escrita su historia.

Esta tierra deja una huella imborrable en el alma. La

belleza serena del Mediterráneo me da una perspectiva profunda de lo que acabo de vivir. Es un sentimiento de paz de quien ha encontrado al alcance de la mano algo que da a la vida un sentido de plenitud: la huella real, palpable, imposible de negar, de la existencia terrena de Jesús de Nazaret, de Dios hecho hombre. Éste es el gran secreto que nos descubre Tierra Santa, el regalo que uno se lleva de los Santos Lugares: el tiempo que nos separa de las cosas que nosotros sabemos que existieron desaparece y el sentido cristiano, que enriquece la vida de tantos creyentes, se hace presente, nítido, actual y necesario.

Con la esperanza de que en la tierra de Jesús —Príncipe de la Paz, como le llama el Antiguo Testamento— puedan convivir todos sus habitantes, termino estas líneas que ponen fin a un viaje inolvidable.

Este libro se terminó de imprimir
en los talleres gráficos
de Cofás, en el mes
de enero
de 2005